# 读人心理学

宋 菲◎著

古吴轩出版社

**图书在版编目（CIP）数据**

读人心理学 / 宋菲著. -- 苏州 ：古吴轩出版社，
2020. 11
　　ISBN 978-7-5546-1639-0

　　Ⅰ．①读… Ⅱ．①宋… Ⅲ．①心理交往－通俗读物
Ⅳ．①C912. 11-49

　　中国版本图书馆CIP数据核字（2020）第216711号


责任编辑：黄菲菲
策　　划：马剑涛　徐红有
装帧设计：尧丽设计


书　　名：读人心理学
著　　者：宋　菲
出版发行：古吴轩出版社
　　　　　地址：苏州市八达街118号苏州新闻大厦30F　　邮编：215123
　　　　　电话：0512-65233679　　　　　　　　　　　传真：0512-65220750
出 版 人：尹剑峰
印　　刷：唐山市铭诚印刷有限公司
开　　本：880×1230　　1/32
印　　张：7.5
版　　次：2020年11月第1版　　第1次印刷
书　　号：ISBN 978-7-5546-1639-0
定　　价：42.00元

如有印装质量问题，请与印刷厂联系。022-69236860

## 读人，助你成为人际关系大赢家

在现实生活中，人们遭遇的各种社交之痛，全在于无法洞察他人的内在心理，无法因时因地与他人在心理上形成共振。而这种内在心理活动上的差异和心理上的距离常常会演变成误解、隔阂、矛盾，甚至上升为冲突。这种社交之痛正在使越来越多的人对人际交往充满恐惧和困扰。

那么，我们如何才能打破这种社交难题呢？如何才能瞬间识破人心呢？如何才能在对方不知情的情况下了解和影响他人呢？如何才能看人看到骨子里呢？

读心识人就是这样一门比较重要的学问，它能够帮助人们通过一个人的外在表现来探测其心理活动，是一种看透他人、看透人性、认识自己的艺术。它将心理学知识运用于日常工作与生活中，在人际交往中，用眼睛洞察一切，"读"懂他人的微妙心思，并对此做出精准的判断，进而做出正确且得体的回应，让自己在社交中变得游刃有余。

真正的读人高手都是熟悉读人心理学的人。通过运用相关知识，能够从别人不注意的小细节中捕捉到一些重要线索，快速破译对方的心理密码，看透他的心思，从而在社交场合中左右逢源，成为受欢迎的人际关系大赢家。

事实上，读心识人并不是多么高深莫测的学问，而是一种人人都可以通过练习而掌握的能力。只要你平时多注意观察，认真揣摩，久而久之，就能练就精准识人的本领。

读人，最重要的是练就超强的观察力和精准的洞察力。本书就这两方面的能力展开论述，系统地讲述了读人心理学的原理、目的，并从外表、表情、语言、下意识动作、生活细节等方面出发，从心理学视角揭露了这些表象背后的真相。除此之外，本书还跳出从人本身识人的框架，从环境中来精准识人，将人在不同场合的表现结合起来进行解读，从而更全面地了解一个人。此外，本书最后还介绍了几种不当的识人方式，让你真正做到看人不偏不倚。

同时，本书还提供了一些针对不同类型的人的应对策略，以及一些了解自我的心理测试，让你在看穿他人的同时也认清自己，懂得在什么样的场合应该用什么样的语言和非语言沟通方式来表达自己的想法，做出得体的回应。

总之，通过阅读本书，读者可以练就一双精准识人的慧眼，观人于细微，察人于无形，潇洒自如地游走于职场等各种社交场合。

目 录
CONTENTS

## 附　录

## 后　记

# 第一章

## 开启读人模式，让你轻松玩转社交

在社交中，你为什么总是说错话，做错事？你是不是常常遭人误解，或者总是误解他人？这些社交中的难题，归根结底在于你读不懂人心，看不透人性。开启读人模式，社交将会变得更轻松。

# 智商不是一切，情商决定你的人生上限

| 读人关键词 | 情商　改变　思维习惯 |
| --- | --- |

　　生活中，重智商、轻情商的大有人在。从学生时代的"分数至上"，到找工作时面试中的各种测试题，我们不难看出，情商的重要性被严重低估。其实，情商才是决定人生上限的关键因素。

　　很多企业在招聘时十分看重新员工的智力水平。比如，微软有一道非常著名的面试题："下水井盖为什么是圆的？"无独有偶，要进入腾讯工作，也要过测试题这一关。某年应聘者们遇到了这样一道"烧脑"的测试题："25匹马，每次只能5匹一起比赛，要选出前三名，最少要比赛多少次？"

　　有的人质问："智商真的那么重要吗？智商高的人工作业绩一定出色吗？"

　　当然，这个世界上没有"绝对"这回事，因为工作业绩不仅与智商有关，还和个性、经验等多个因素有关。不过，近一个世纪以来，人们对于智力的研究，至少从统计学上来说，结果达成了这样一个共识：智商更高的人更可能考进更好的学校，获得更好的工作，拿到更高的薪酬，并获得更高的社会地位。

美国的研究人员做过一项大规模调查，他们先是让人们评选出"哪些职业更牛"，然后再分别调查从事这些职业的人员的平均智商，结果发现，职业排名和从事该职业的人员的平均智商的相关度高达0.90～0.95。换句话说，在集体的水平上，职业选择对智商的依赖程度高达81%（注：大多数情况下，我们可以把相关度的平方值看作"影响力的百分比"，所以$0.90^2=0.81$）。

后来，有研究人员在个体水平上同样进行了大规模的调查，发现其相关度达到了0.72，由此可以得出结论：智商对个人择业的影响程度高达50%以上（$0.72^2\approx0.52$）。

智商高的好处还不止这些。研究证明，一个人智商越高，其健康水平越高，道德水准越高，寿命越长，犯罪率越低，辍学率越低，离婚率越低，而且遇到事故的比例也越低。这种好运气可能是由其更健康的生活方式，以及更强的预知和规避危险的能力带来的。

既然如此，那么"智商至上主义者"的态度似乎无可厚非。

有人根据一个人的智商和情商的关系，将人分为四类：智商高、情商高，智商高、情商低，智商低、情商高，智商低、情商低。很多人将自己归为智商高、情商低象限，并且认为身边的人和自己一样，都是智商较高，但是情商不高。

智商

智商高、情商低　　智商高、情商高

　　　　　　　　　　　　　　　　情商

智商低、情商低　　智商低、情商高

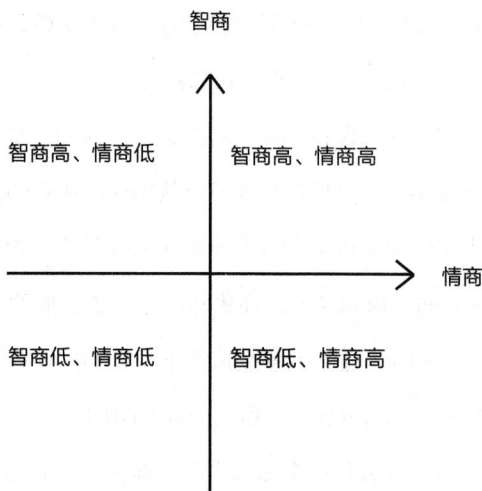

智商、情商坐标示意图

　　下面我们从智商和情商两方面分别进行分析。这个象限的上半部分是智商较高的人群，面对他们，位于象限下方的人群只能仰视，无能为力，因为智商更接近于天赋，也就是"天注定"，很难改变。而情商（就是情绪商数，简称EQ，指的是一个人管理自我情绪及管理他人情绪的能力指数）则不然。人类只遗传了最基本的6种情绪，包括恐惧、高兴、愤怒等，但是骄傲、自尊等高级情绪的形成、识别和管理，则需要后天在与人交往的过程中通过不断观察和感悟而逐渐获得，所以情绪管理能力是一种可习得的能力。

　　这就提示我们，"智商不够，情商来凑"。是进入坐标图的左边还是进入右边，常常取决于我们自身的选择。

　　由此，我们可以得出结论：智商决定了一种可能性，情商决定了一个人所能达到的人生上限。我们需要一定水平的智商和情商，但是智商的先天属性更强，要想有所成，还是提升情商比较靠谱。

同时，现代心理学研究也表明，生活和事业的成功，80%取决于人的非智力因素，即情商水平。

由此可见，虽然我们无法决定自己的智商，但是可以逐步让自己成为一个高情商的人。那么，情商到底是什么呢？通常人们认为"脾气好""人缘好"等就是高情商的表现，但是情商的含义远不止这些。目前一个普遍的观点是，情商包括感知自己的情绪、控制自己的情绪、自我激励、体察别人的情绪，以及处理人际关系五个方面的内容。

其实，多数的情商缺陷源于人们根深蒂固的思维习惯，不愿意接受新观点，这可能是童年的经历和经验造成的，人们认为新观点有一定的风险。比如，小时候你认为自己可以骑着小羊出门，但是你那样做了，摔了下来，还受伤了，这时你就会推翻自己"骑羊"的新观点。然而，如果你想要跻身智商高、情商高的象限，就意味着你需要改变思维习惯，情商高将使你的人生更加精彩。

**知识拓展**

### 智商高的人情商都很低吗

说到高智商的人，我们脑海中立刻浮现出这种特异人群的形象，如头发乱糟糟的爱因斯坦，美剧《生活大爆炸》中人见人爱的天才Sheldon"谢耳朵"，被同辈人认为"不可理喻"的著名经济学家小约翰·福布斯·纳什，把相亲对象的手指头捅进烟斗里而导致自己打一辈子光棍的牛顿，等等。

于是，人们认为，智商高的人情商普遍偏低。

然而，和"有钱人不幸福"一样，"智商高的人情商低"同样是一个伪命题，那些高智商人群的情商未必偏低。

事实上，从科学和统计学的角度来看，智商和情商之间甚至还有一点点的正相关。这就是说，高智商的人拥有高情商的概率比低智商的人的高一点。

## 每个人都需要上一堂观察课

| 读人关键词 | 观察力　身体语言 |
|---|---|

　　许多人对柯南和福尔摩斯像对"神"一般地崇拜，其实他们的成功，主要得益于自己敏锐的洞察力、极强的推理能力和准确的判断力。因此，想要成功阅人、洞察人性，一堂周全而细致的观察课是必不可少的。

　　生活中，不乏一些缺乏观察力的人，他们对生活中的细微变化毫无知觉，事情发生后他们才后知后觉，并发出下面的感慨：

　　"我的妻子刚刚和我提出了离婚，但是我从没发现她有过这样的念头。"

　　"什么？儿子逃课次数竟然这么多？"

　　"我和一个家伙因为一些小事争执不下，不知什么时候他忽然给了我一拳，我看都没看见。"

　　……

　　福尔摩斯曾对自己的搭档华生医生说："你看到了，但你没有注意观察。"同样的，上面这些情况在出现前，必然会有一些预兆。比如，想要离婚的妻子会多次抱怨老公，或者开始对老公变得冷漠；逃课的孩子会对写作业十分抗拒，也不再和父母谈论在学校发生的事情；互相争执中被打之人没有看到对方出离愤怒的表情和握紧的拳头；等等。

遗憾的是，当事人没有注意观察，没有捕捉到这些事情发生前的信号。如果有敏锐的观察力，我们很容易就能发现一些蛛丝马迹。这是因为，大多数人都没有意识到他人的身体语言，也就是通过面部表情、肢体动作等传达的信息，与他人所说的话是相悖的。所以，能读懂一个人的身体语言，就能察言观色，精准看透对方的真实意图。

许多占卜者都精于此道，如果你找他们卜算过，你一定会惊讶于他们竟然知道这么多关于你的事情，有时心理测评或者星座解读同样会产生这种神奇的效果。对于对身体语言不甚了解的人来说，他们的这种本领神乎其神，简直就是"神机妙算"。其实，这些从业者不过是精通于解读人们的身体语言，不管遇到什么人，他们都能够通过观察和提问来洞察你的内心，一眼将你看透。实际上，这不过是在仔细观察身体信号的基础上，对人性和概率的一种推演过程。

事实上，人类语言并不能承载全部的信息，很多信息是通过身体语言来传达的。

经典影片《廊桥遗梦》中有一个片段，令人印象深刻：

在邻居突然到访时，弗朗西斯卡一边擦掉眼泪，一边收拾罗伯特·金凯的餐具，并以最快的速度盘上头发。

从这个细节中，我们可以看出女主人公在压抑着自己的情感，她并没有打算放弃自己原有的生活，而是选择继续承担作为妻子、母亲的责任。

从心理学的角度来说，只要懂得观察一个人的言行举止，人们就可以从中捕捉到一些重要的信息，并对其展开大胆的推理。当然，我们也可以运用一些沟通技巧，对他人进行合理的引导和暗示，让对方主动吐露一些重要信息。

在生活中，人们在沟通时，常常将注意力放在谈话内容上，而身体语言只是在潜意识层面发挥着作用，影响着我们对他人的看法，如通过观察他人的身体语言形成对对方的第一印象。

其实，早在20世纪50年代，社会心理学家阿尔伯特·梅拉宾就通过研究得出一个结论：信息传递的影响力，7%来自语言内容，38%来自语调、音色、音量等，剩下的55%均来自身体语言。

另外一项研究印证了这个观点。该研究指出，通过电话进行谈判时，善辩的人容易成为赢家；但是如果以面对面交流的方式进行的话，结果就会差异很大，因为大部分谈判决策是在身体语言的影响下做出的。

说话可能言不由衷，但是身体却无法撒谎。因为身体语言是在婴儿早期形成的，很多身体语言的信号来自人类基因中的行为模式或者幼年时期的经历。所以，即使是训练有素的特工，也难以克服"天性"。

在社会沟通模式中，人们往往无法在第一时间把握他人的想法，所以会注意观察他人的身体语言，以便采取合理的应对措施，以消除自身的不确定感。这是一个人际关系调节的过程，也是自身影响力拓展的过程。

**知识拓展**

## 大脑：诚实与撒谎并存

人类的大脑是"三重脑"，由脑干、边缘系统（哺乳脑）和大脑新皮层组成。我们拥有非常古老的哺乳脑，它在医学上被称为"边缘系统"，正是大脑的这一最古老的部分使得人类得以存活了数百万年。它的主要功能是对视觉、听觉、触觉和感觉结果做出反应，这些反应是即时的，是一瞬间的，是无须经过思考而发生的。所以，它们能对周边环境做出最诚实的回应，这也就能说明人的身体语言为何难以伪装了。

而大脑新皮层是人类大脑的"新成员"，它负责下达认知和记忆这样的高级指令，这使我们能够进行记忆、计算、分析等高级智力活动，而这些高级能力是人类特有的。但是由于它具备复杂的思维能力，所以这一部分大脑和边缘系统不同的是，它并不一定总是

"诚实"的，它会对信息进行"加工"，并做出相应的语言反应。所以也有心理学家将大脑新皮层称为"爱撒谎的大脑"。

比如，当碰到一个不想见的人时，边缘系统可能会迫使人们在潜意识中做出低头、斜视、拉袖口等动作，但是新皮层则善于隐瞒真实的感受，它会发出指令，让人们说出"见到你太高兴啦"这样虚假的话。

## 看透他人，就是看透他人的潜意识

| 读人关键词 | 看透　潜意识 |
|---|---|

　　一个人在害怕时会本能地后退，在内心感觉不满意时会下意识地摇头……这些其实都是潜意识在行为上对人的影响。人们常常会刻意伪装自己，但是他们的潜意识轻易就出卖了他们。

　　你做过下面的心理测试吗？

　　在一张纸上随意画出一座房子、一棵树和一个人，通过这幅画，对方就能了解你潜意识中的心态、情绪、性格以及人际交往、家庭关系等情况。

　　这种测试方法叫作"房树人绘画心理测验"（House-Tree-Person），简称HTP测验法，是目前国际上比较标准的一套心理投射测验法。其原理是人们在绘画时会把自己的情绪、冲突、动机、愿望等心理问题和需求投射到所画的画中，所以通过这幅画就能了解他们的潜意识，在对他们进行绘画心理分析时，他们将无法隐瞒任何事情，无所遁形。

这个测验主要用来挖掘和透视人的潜意识。那么，到底什么是人的潜意识呢？

在了解潜意识之前，我们首先来了解一下什么是意识。意识指的是人脑对大脑内外表象的觉察，即人们能够认知和感知到的一些东西。比如，当生气的时候，人们会用理性告诉自己要控制好自己的情绪；发觉自己变得肥胖之后，会有意识地去减肥；等等。

而潜意识则正好相反，它指的是人们不能认知或者没有感知到的那一部分东西。也就是说，虽然人们自身正处于某种状态，但是自己没有意识到。它主要包括三方面的内容：一是还未被挖掘的能量，也可以说是潜力；二是过去生活的积淀，包括过去的一些经历、经验、教训和创伤；三是生命中的原动力，如欲望、追求、冲突等。

为了将二者区分开来，心理学家弗洛伊德提出了一个"冰山理论"。这个理论认为，人的内心就像一座漂浮在海上的巨大锥形冰山，露出海面的只是一小部分，这就是处于有意识的层面；而剩下的在海面以下的绝大部分都处于无意识的状态，也就是处于潜意识的层面。在整个冰山中，潜意识才是最重要的那一部分，因为它在某种程度上决定着人的行为和选择。

弗洛伊德认为，人的潜意识就像一个偷渡者，总是想方设法地寻找享乐和满足的机会，进入意识的境地。但是在通往意识的道路上，它将受到相应的检验和"稽查"。这时，它就会被压抑在大脑中，不过，它会重新寻找机会突围出去。

作家爱默生说："人只有在独处时最诚实，在他人面前，都是虚伪粉饰的。"在现实中,很多人在他人面前都会控制自己的行为,端正自己的姿态,以便将最真实的情绪掩藏起来。但是他们的潜意识会在某些情况下突然刺激大脑,向身体发出一些指令,让身体无意间做出某些动作。而那些毫无修饰的动作,恰恰暴露了他们真实的内心世界。

比如,当一个人每天都经过一个飘出浓郁香味的餐馆时,他会不会每次都走进去一饱口福呢?大多数时候不会,因为每个人都有自我控制的意识,也就是让自己保持理性的意识。即使店家对其施以诱惑:"今天是十周年店庆,我们有打折活动,打折力度很大,今天消费很划算的。"他也会拒绝道:"谢谢!下次再说!"虽然他说着这样的话,但是他咽口水的动作很明显地表现出了自己的欲望,这个欲望实际上受到潜意识的支配。

这就提醒我们,要认清一个人,不仅要听他所说的话,更要观察他无意中暴露真实心理的一些小动作。即使他所说的话再隐晦,所做的小动作隐藏得再好,只要练就一定的观察力,我们还是能够发现并对其进行分析,从而摸透对方的心理。

**知识拓展**

## 匹诺曹的鼻子——撒谎时的潜意识表现

意大利的著名童话故事《木偶奇遇记》可谓家喻户晓,通过这个故事，我们从小就知道了谎言和鼻子之间的关系。

虽然这只是童话故事，但是科学家们已经发现了其中的生理原因基础。美国芝加哥嗅觉与味觉治疗与研究基金会的一些科学家发现，人们在撒谎时，鼻子会由于血液流量上升而增大，他们将这种现象称为"皮诺基奥效应"。正因为这种现象的存在，人们在撒谎时才会做出摸鼻子的潜意识动作。

其原理是，在皮诺基奥效应作用下，撒谎之人的鼻子膨胀，从而引发鼻腔的末梢神经向他传送刺痒的感觉，这就促使人们不断做出用手摩擦鼻子以舒缓发痒症状的动作。

## 读人，需分清人的三种不同类型

| 读人关键词 | 视觉型　听觉型　感觉型 |
| --- | --- |

你见过那些技术娴熟的锁匠干活的场景吗？那简直就像变魔术一般。

他们摆弄一把锁，能听到一些别人听不到的锁的内部金属撞击的轻微响声，能看到一些一般人不太关注的特殊细节，能感觉到别人感觉不到的特殊情况，没多大工夫，他们就能了解锁的内部构造，将其打开或者修好。

事实上，那些高情商的交流者也是这样与他人沟通、交往的。他们的沟通模式如同锁匠的一般，他们像锁匠一样观察、倾听、思考，从而探索出别人的内心结构，以此了解他人的内心。

了解别人的关键就是注意他们的言行举止。这是因为，人们把你想要了解的关于他们的策略的一切信号都在无意中传达给你了，只不过传达这些信号的方式有所不同，有的是借助语言来传达的，有的是通过肢体动作来传达的，有的甚至仅仅通过一个眼神就传达了出来。你要做的就是及时捕捉这些信号。

想要读懂一个人，并不像读懂一本书、看懂一张地图那样简单，所以我们要学会巧妙地去"阅读"一个人。

尽管人的心思各异，行为也复杂多变，但还是有一定的规律可循的。

我们每个人都通过五种感官系统和身体的本体感觉来接收外部的信息，但是在大脑内部处理这些信息的却只有三个内感官系统，分别是内视觉、内听觉和内感觉处理系统。这就是说，嗅觉、触觉和味觉通过外感官接收到的信息，在大脑内部统归内感觉这部分系统来处理。

由此，我们可以将人分为三种类型：视觉型、听觉型和感觉型。视觉型的人惯于用他们的眼睛去看这个世界，听觉型的人常常用他们的耳朵去听这个世界，而感觉型的人则常常用心去感受这个世界。

一、视觉型

视觉型的人的大脑处理信息通常是以图像的方式来进行的，所以他们倾向于用图像看世界，通过大脑中处理视觉信息的系统，来获得他们最大的感知力。由于处理图像的速度很快，为了使自己的语言能够跟上大脑中图像的变化，视觉型的人说话速度都非常快。

正是因为他们要快速描述大脑中的图像，所以他们更倾向于通过视觉语言来进行表述，如向人们描述一些东西看上去怎么样，呈现什么形状，是明亮的还是黑暗的，等等；而且话语中常常会出现一些频率较高的词语，如"注视""看见""专注""观点""光明""前景""看样子""清晰""看来"等。

## 二、听觉型

听觉型的人听感比较强，他们说话比视觉型的人慢一些，声音比较洪亮，表达比较有节奏，语言也较有分寸。在他们的话语中，常常会出现"听说""动静""悦耳""协调""动听""节奏感"等词语。比如，他们会说"说来听听""我听说了一个好消息""让我告诉你这件事情吧"等。

## 三、感觉型

感觉型的人触感比较强，他们主要是对触觉做出反应，说话时语调深沉，比其他两种类型的人都慢，说出的每句话都像是挤牙膏似的一点一点挤出来的。他们常常用触觉语言表达出内心的想法，挂在嘴边的常常是"感到""接触""冷漠""感动""舒服""深表同情""掌握"等词语。对于具体的事物，他们总是喜欢亲手去摸一摸。

当然，人们并不是只采用一种方式来处理外部信息，事实上，人类的大脑会随着外界的刺激而在三种处理方式之间自由地切换，但是总是会有一个"优先采用的系统"，这就是我们上面所说的三种方式中的一种。你在了解一个人的策略，了解他做决定的方式的时候，首先应知道他"优先采用的系统"，这样就可以有的放矢地表达自己的意思。

## 知识拓展

### 对方属于哪种感觉类型的人

我们可以先让对方做一下这个测试题：回想一下，你12岁那年过生日时蛋糕上的蜡烛是什么颜色的？

提出问题后，观察对方的反应，就能推测出他使用的是哪种感觉系统。如果对方把头抬起来，偏向左边，这就是惯用右手的人甚至是某些左撇子回忆视觉图像的方式。这样基本可以断定对方就是视觉型的人。

除此之外，还可以通过其他方面来推测对方属于哪种类型的人。

比如，通过人的生理状况来了解他的策略。如果一个人呼吸幅度比较大，说明他正在进行视觉思考。

再比如，通过人的声音，我们也可以大致了解他属于哪种感觉类型的人。一般来说，视觉型的人说话又快又急，有鼻音，声调起伏波动比较大；听觉型的人声调平稳，吐字清晰；而感觉型的人说话比较慢，声调低沉。

## 良好的观察力，让你变身"读心神探"

| 读人关键词 | 观察力　洞察力 |
|---|---|

曾经，人们认为语言的重要性高于一切：生物学家说，语言的进化是人类有别于动物的一大标志，语言的发展塑造了更加完善的大脑；早期的哲学家甚至将语言视为一切逻辑与事实的根源……如果结合哲学和认知神经科学的思想，就可以将语言描绘成"可以重构框架体验，甚至可以重构整个世界"。

然而，如果想成为一个读人高手，仅仅依靠语言是不够的。只将注意力放在有声的话语上，就会导致我们两只眼睛盯着对方的嘴唇，两只耳朵仔细倾听对方的声音，进而错过很多对世界和人性的真实解读。

因此，我们要练就全面解读一个人的敏锐的洞察力。

那么，如何才能练就这方面的能力呢？要知道，洞察力是通过对观察力的加强而获得的，更多地加入了分析和判断的能力，是一种综合能力。而这种综合能力是一种可以后天习得的能力，通过正确的训练方式和更多的实践，我们就可以掌握它。

## 一、让观察成为一种生活习惯

一个真正有能力的观察者，他每时每刻都在观察周边的世界，他的观察是有意识的、经过深思熟虑的、有效的行为。要想培养一定的观察能力，需要付出一定的努力和精力，需要集中注意力，周全而细致地观察，并将其变成一种习惯。

一旦你将观察变成一种习惯，那么在日常生活中，你就能更有效地察言观色，你的观察技能也会变得更加自然和娴熟，也就不会被那些需要处理的浩如烟海的信息压得喘不过气来，因为你已经掌握了最重要的信息。比如：

要了解一个人的血气如何，可以看他的头发。

要了解一个人的心术如何，通过他的眼神就可以看出来。

要摸清一个人的身价，看他的对手就知道了。

要摸清一个人的底牌，看他身边的好友就好了。

想要了解一个男人的品位，看他的袜子就可以了。

想要了解一个女人是否养尊处优，看她的手就行了。

想要了解一个人的性格，从他的字画就可以看出个大概。

要弄清一个人是否快乐，不要看他笑得多灿烂，而要看他清晨梦醒一刹那的表情。

想要看一个人胸襟如何，那就看他失败和被出卖时的所作所为。

想要弄清一个人的本质，应看他在暴富后会做什么。

总之，不管是为了识破对手的非语言行为，还是为了提高自己察言观色的本领，我们都需要持续不断地观察，切不可丢掉观察的习惯。

**二、玩观察力游戏**

观察力就像肌肉，用则发达，不用则萎缩。因此，观察力的提高和保持有赖于持续的练习，我们可以通过玩下面两个游戏来不断提高自己的观察技能。

1. 记忆力游戏

这种游戏就是回忆或者记忆一些事情，比如，走进一个房间，然后闭上眼睛试着回忆自己之前在这个房间中所看到的事物，并尽可能多回忆一些细节场景。

通过多次玩这样的记忆力游戏，你就会惊喜地发现自己已经能够熟练重构所面临的实际环境，并且可以在脑海中将其准确无误地勾勒出来。将这种观察习惯融入日常生活中，你就可以练就发达的"观察力肌肉"。

2. 解读游戏

解读游戏，就是解读你所观察到的现象。这个游戏不但要求你有良好的观察力和记忆力，还要求你要有一定的推理判断能力。具体来说，就是尽量观察并记住身边的事物，并解读那些事物所传递的信息。

如果你有机会看一些外语电视节目，比如韩语或者英语节目（最好是不带字幕翻译的），那么你就可以通过对画面中人物说话的语气、肢体语言进行判断，看看能解读多少信息。尤其是韩剧，堪称身体语言学习的典范，因为通过剧中人物的夸张表情和肢体语言，即使没有语言，观众也可以推测情节。

### 三、扩大你的观察范围

有的人观察视野很狭窄。而有一些人的观察视野比较开阔，他们能把自己观察的范围扩大。

显然，观察视野越开阔，越能增加人们看见事物的机会，从而帮助他们获得更多的信息。否则，就可能错失这种机会，漏掉一些重要的信息。

一般来说，人们在观察的时候，并没有充分利用全部的视野范围，他们只是将自己的注意力局限在眼前的东西——视线的焦点上，而没有将视野扩大，将视野内的所有事物都囊括进观察范围。所以，通过多进行这方面的练习，来扩展自己的视野范围，你就会发现，生活并不是你眼前的样子。

**知识拓展**

### 观察一个人的正确顺序

习惯上，人们喜欢从上往下来观察一个人，也就是先观察他的脸，再往下观察。

然而，事实上，你一旦观察一个人的脸，就很容易主观地对他做出评价，也会因此而忽略很多关于他的重要信息。

因此，想要更透彻地了解一个人，就要把握这样一个观察顺序：从下往上。

也就是说，要先从他的鞋子开始观察，这样就可以很好地规避上面所说的那种情况。

比如，如果一个人的鞋子很脏，而最近又没有下雨，那就说明这个人不注重生活卫生，由此可以推测出此人生活方面并不严谨，甚至他的性格可能就是这样的。如果又观察到他的衣裤上有褶皱或者污迹，那么就可以证明上面的部分推断是正确的。

## ☆心理测试：你会给别人留下怎样的第一印象

通常来说，我们从第一印象中所获得的主要是关于对方的表情、眼神、姿态、仪表、服饰、语言等方面的信息，这些信息虽然零碎、肤浅，甚至会带有个人偏见，但是在先入为主的心理影响下，它往往能对人的认知产生关键作用。

那么，你在与人初次相见时会给他人留下一个什么样的印象呢？不妨做一做下面的测试来看看吧。

### 测试题目

1. 初次见一个人时，你的面部表情通常是？

　　A. 热情诚恳，自然大方（5分）

　　B. 大大咧咧，漫不经心（1分）

　　C. 紧张局促，羞怯不安（3分）

2. 你能在一番寒暄之后，很快就找到双方都感兴趣的话题吗？

　　A. 是的，对此我很敏锐（5分）

　　B. 我觉得这很难（1分）

　　C. 必须经过一段时间才能找到（3分）

3. 你跟人交谈时，坐姿通常是？

    A. 两膝靠拢（5分）

    B. 两腿叉开（1分）

    C. 跷起二郎腿（3分）

4. 你在和别人谈话时，眼睛会看向哪里？

    A. 直视对方的眼睛（5分）

    B. 看着其他的东西或人（1分）

    C. 盯着自己的纽扣，不停地玩弄纽扣（3分）

5. 你选择的交谈话题是？

    A. 双方都喜欢的话题（3分）

    B. 对方感兴趣的话题（5分）

    C. 自己热衷的话题（1分）

6. 第一次交谈时，你们说话分别占用的时间是？

    A. 差不多（3分）

    B. 他多我少（5分）

    C. 我多他少（1分）

7. 跟人会面时，你说话时的音量如何？

    A. 很低，以至于别人听得较困难（3分）

    B. 柔和而低沉（5分）

    C. 声音高亢热情（1分）

8. 在说话时，你的身体语言是否丰富？

    A. 偶尔做些手势（3分）

　B. 从不做手势（5分）

　C. 我常用姿势补充语言表达（1分）

9. 第一次交谈时，你说话的速度是怎样的？

　A. 相当快（1分）

　B. 十分缓慢（3分）

　C. 节奏适中（5分）

10. 假如别人谈到了你不感兴趣的话题，你会？

　A. 打断别人，开始新的话题（1分）

　B. 显得沉默、忍耐（3分）

　C. 仍然认真听，从中寻找乐趣（5分）

11. 与人第一次见面，一番交谈之后，你能对对方的言谈举止、学识能力等方面做出积极、准确的评价吗？

　A. 不能（1分）

　B. 很难说（3分）

　C. 我想可以（5分）

12. 你和别人约会结束之后，告别时你们如何约定再会的时间和地点？

　A. 对方提出的（3分）

　B. 谁也没有提这事（1分）

　C. 我提议的（5分）

✔ **计分标准**

每题有三个选项，每个选项后面给出了对应的分值，选择后将选项后面的分数相加，得出测试的最终分数。

💡 **结果分析**

得分在12～22分，说明你给别人留下的第一印象不太好。虽然也许你非常想要给别人留下好的印象，可是，你的各方面表现传达出了一种漫不经心、言谈无趣的信号，所以别人会对你产生不好的印象。可能你觉得你只是在按照自己的兴趣习惯做事，但是需要记住，与人交往是一门艺术，艺术是要经过修饰的。

得分在23～46分，说明你给别人留下的第一印象一般。你的表现有让人很愉快的成分，不过，也有不太好的地方。这些不太好的地方不会让人对你产生厌恶感，不过，也不会让别人觉得你很有魅力。如果你希望提高自己的魅力，首先必须从心理上重视起来，努力在见面的第一刻就展现出自己的最佳形象。

得分在47～60分，说明你给别人留下的第一印象非常好。你得体的仪态、温和的谈吐、合作的精神，都给第一次见到你的人留下了深刻的印象。无论对方是你工作范围内的人，还是你私人社交生活中的接触者，他们都有与你进一步接触的愿望。

# 第二章

## 以"貌"取人，但不要被外表蒙蔽了双眼

人们对他人的第一印象通常从打量对方开始，人们的外表在他人面前几乎无所遁形。通过一个人的外表，我们能获得多方面的信息，包括他的长相、身高、个人品位和喜好等，但是我们在读人时绝不能以貌取人，以偏概全。

## 体形是性格的一种反映

| 读人关键词 | 体形　性格 |
| --- | --- |

在生活中，如果你注意观察，就会发现，不同体形的人往往有着不同的性格，人的体形与性格之间有着千丝万缕的联系。

事实上，不管是在工作中还是在社交中，每个人都会把自己的真实面目隐藏起来，将自己的内心包裹得严严实实的，所以，想要了解一个人的性格，并不是一件容易的事。但是，至少有一样东西是人们无法包裹的，这就是他们的体形。通过体形识人，我们可以大致了解对方的性格。

体形，包括人的体态和高矮胖瘦等外在特征。有关体形与人的心理、性格之间的联系，一直是人们热衷于讨论的话题。比如，中国的"相面术"就常常通过观察一个人的外貌和体形，来推测对方的性格和心理。

20世纪，西方学术界也曾对这个话题进行过多次探讨。其中，德国精神病医生克雷奇米尔首次将体形与性格和心理联系起来，并对此进行了一系列研究。通过研究，他证实了不同体形的人有着不同的性格和心理，而且他们易患的病症也各不相同。

此后，美国医生谢尔登继承并发展了克雷奇米尔的这一理论，他将人的体形分为内胚层型、中胚层型和外胚层型，它们分别对应三种不同的人格类型。

因此，从某种程度上来说，体形作为一种了解自己以及他人性格和心理的简明的依据，还是有一定的参考价值的。在日常生活中，我们可以利用这一点，留心观察，就可以发现别人的一些性格特质。

下面我们就介绍几种常见的体形并对与之对应的性格进行分析。

一、肥胖型

肥胖型的人的体形特征是胸部、腹部、臀部出现了一些赘肉，一旦腹部开始堆积厚厚的脂肪，中年肥胖的现象就开始出现了。

这种体形的人大多热情活泼，善良单纯，行动积极，喜好社交，常常比较幽默或者充满活力，有时也会表现得温文尔雅。这种类型的人中很多属于成功人士，他们有着良好的理解力和同时处理多项事务的能力，但是也有一些不被人接受的缺点，如考虑欠缺一致性、过于草率、自负、对他人指手画脚等。

二、瘦弱型

有这样体形的人很多都是心事重重的，让人感觉无法接近，不知如何与他们交往。这类人最明显的个性特征是沉着冷静，但是性格中又存在复杂和相互矛盾的地方。他们在生活中严谨慎重，但是意志薄弱。他们对幻想中的事物有很大的兴趣，却不喜欢他人了解自己的内心世界或者私生活。不过，他们身上常常彰显出一种令他人想要与之接近的贵族气质，而且散发出一种浪漫情调。

要想与这种类型的人交往，就要通过他们骄傲而冷漠的外表，看清他们善良、细致的心。要知道，他们对他人的一些小事十分热心，同时也表现出了优雅的社交风度。

### 三、细线条型

这种体形的人很敏感，这就使得他们对周围的变化十分敏锐，所以能随时留意周边的动静。不过，他们往往心理不稳定，容易心理失衡，情绪焦虑。由于自身感情细腻且丰富，他们自己也能经常意识到自己在这方面的缺点。

文静、真诚而又顺从的他们常常给别人留下没有主见、迟钝、性情多变、不易交往等不良的印象。

不过，受这类朋友或者上司委托的事，一定要依照约定完成，注意礼节。

### 四、体态强健型

这种类型的人往往体态匀称，头大肩宽，肌肉发达，筋骨健壮。他们通常做事一丝不苟，言行循规蹈矩，诚恳、忠厚、老实。他们还有一个特征，就是注重秩序，讲求规律。

此外，他们说话速度缓慢，爱绕弯子，唠叨不停；写起文章来十分烦琐，谨慎而又周到，洋洋洒洒一大篇。

概括来说，体态强健型的人足以让人信赖，但是稍显无趣，他们顽固执着，思考问题容易拘泥于形式。如果想要了解这种类型的人，不妨借助闲谈或者请客的机会来试着和他们接触。

总之，许多事实和研究结果都表明，某种体形的人确实容易形成特定的个性品质和特征，我们可以借此对一个人进行粗略的观察和初步的判断。

然而，单纯以个体的身形结构来判断其人格和个性等心理学特征，有很多弊端。其中，有两点很重要。一是人的体形的胖瘦、体态可能会随着环境、年龄的变化而发生变化，但是个性是否会随着体形而发生变化，还没有定论。这就表明，我们不能单以个体某一时期的体形去预测其个性特质。二是虽然研究表明，某一体形与某些人的个性相关度很高，但是这也仅仅显示了二者之间有关系，并不能确定它们之间的因果关系。所以到底是体形决定个性还是个性决定体形，还需要进一步研究证实。

因此，我们在通过体形了解一个人的时候，最好配合观察他的语言、表情、肢体动作，这样得出的结论才会更接近实际情况。

**知识拓展**

## 天生娃娃脸的人会有什么样的性格

有的人天生一张娃娃脸，岁月对他们似乎格外宽容，从他们脸上完全看不出实际年龄。那么，有这种相貌特征的人性格是怎样的？

拥有娃娃脸的人，通常拥有广博的知识，谈吐幽默风趣，但是思想和他的长相一样不太成熟。

他们常常以自我为中心，说话时常常以"我"为开头语。如果他人不以他们为中心，他们就会很不开心。如果自己被他人追捧，他们就会很开心。如果遭到冷遇，他们就很可能会产生嫉妒之心。他们个性极强，完全听不进他人的话，比较任性。

他们属于天真而无心机的人，可是，他们并没有意识到自己的思想不成熟。

## 毛发里，藏着看得见的秘密

| 读人关键词 | 毛发　形象 |

　　头发常常是衡量一个人自我形象和生活风格的很重要的指标。通过一个人的发型，我们能解读出多方面的信息，比如，他对衰老的感受，他的个人风格是奢侈的还是朴实的，他是否重视自己在他人眼中的良好形象，他的社会经济背景，他的整体情感成熟度，等等。

　　下面我们以不同性别作为对象，通过外在毛发来解读他们的性格和心理方面的信息。

### 一、男性

1. 头发的长短

　　传统观念认为，男士留短发代表着个性比较保守，留长发则代表着激进或者有一种艺术气质。但是这种观点并不完全正确。

　　男士留短发并不总是意味着他是一个保守的人，也可能代表以下含义：爱运动；是一名军人，或者曾经是军人；由警察或者消防员等职业性质决定的；正在接受医学治疗，或者在恢复期；觉得留短发更帅；感觉短发打理起来方便；等等。

2. 发型

如果一个男人对发型十分讲究，平时总是剪得分寸不差，并喷上发胶，那么通常说明他很注重自己的形象，比如会穿名牌的衣服、鞋子，还会搭配有品位的配饰，所有的这些，构成了一个成功男士的形象。通常来说，塑造这种形象的男士可能具有虚荣、自负和关注自身形象的特征。这是因为，对男士来说，很少有人会浪费时间、金钱或者有兴趣定期跑去做头发。在穿戴相同的前提下，与那些不做发型也不喷发胶的男士相比，将头发修剪整齐的男士显然更在意自身的地位、权力和形象。

3. 脸上的毛发

有的男人两腮和上唇留有胡子，这具有多方面的含义：可能他相信自己留胡子更好看；只是想让自己显得更成熟一些；试图让胡子遮盖明显的皱纹，以掩饰日渐苍老的容颜；想要遮盖面部的缺陷；性格叛逆或者有艺术气质；等等。至于胡子的长度、风格和保养状况，如果某位男士长髯飘飘，那么他可能倾向自由主义；如果某位男士的胡子又脏又乱，那么可能代表他比较懒惰，不注重外表，也可能是他身体或者精神方面有疾病。

同样，浓密杂乱的眉毛、过度旺盛的鼻毛和耳毛，都表明仪容仪表并不是这个男人优先考虑的事项，或者他并不觉得这些有什么不妥之处。

## 二、女性

### 1. 头发的长短

与男性相比，女性的头发长短有着截然不同的含义。

如果一个女性留长发，可能代表以下含义：为了展示自己的魅力；代表一种吉卜赛精神，也就是一种脱离传统风格的自由；等等。

不过，还有两种特殊情况。一种是年龄较大的女性，比如40岁的女性留着及腰长发，那么她或许是想要对抗岁月，留住青春。具有这种特征的女性常常会陷入时空错觉，她们总是不愿意承认自己正在变老的现实。她们对自我的认知可能会相当地不切实际。另一种情况是有的女性长发蓬乱，这可能代表她缺乏判断力，没有意识到自己的头发很难看；也可能代表她叛逆的性格，对自己的形象根本不在乎；还可能表明她生病了、懒惰，不愿意或者不能花时间和精力来进行打理。

女性留短发，也有多种含义：如果某位女性头发较短，发型别致，修剪整齐，那么可能代表一种艺术气质；如果她的头发保养得当，还暗示她财务上的宽裕；不太注重发型的短发，则代表一种讲求实际的性格；夸张的短发造型，表明她想要引人注目，也可能表明她正在接受医学治疗或者正处于康复期。

### 2. 头发的颜色

对女性来说，将头发染色是再正常不过的事情了，除非头发的颜色格外扎眼。但是还有一些女性，她们选择让头发自然变白，这表明了一种态度：她对自己和年龄都比较满意，她不太在意他人的看法，喜欢自己做决定。同时，也可能是出于实用的考虑，她是一个实用主义者。

当然，有的女性对染发剂过敏，那就另当别论了。

此外，如果一个人有着激进、夸张、独特或者惊人的发型、发色或者风格，则不论是男是女，都会引人关注。

一般情况下，人们留着风格独特的发型，有这几方面含义：代表着不妥协的精神；个性叛逆；爱冒险；赶时髦；特立独行，想要引起他人注意；一种爱表现的艺术气质；等等。

当然，我们不能简单地根据一个人的毛发特征来判定他的性格或者心理，还要考虑其他因素的影响，如职业性质、年龄、疾病以及文化对他的影响，不要带着偏见来判断一个人。

**知识拓展**

### 男性对待脱发的表现，说明了什么

从男人对待自己脱发的表现，我们也可以获得一些信息。

表现1：植发或者做其他修补头发的手术

有的男人为了显示年轻和魅力而去植发或者做一些修补头发的手术，这显示了他们的虚荣心，也表明他们缺乏自我认同感。

表现2：戴帽子

这要分两种情况来看待。一种情况是有的男士在室外必须戴帽子，以防头皮被晒伤，或者冬天用来保暖；另一种情况是不管是在室外还是在室内，都戴着帽子，这就表明这个男士十分在意自己的脱发问题，戴帽子是他对日渐逝去的岁月的抵抗。

## 妆容，化出女性的"性格"

妆容　形象

爱美之心人皆有之，尤其是女性，常常将自己的形象看得非常重要，美容和化妆是她们展示良好形象、提升自信的重要手段。通过美容和化妆，女性可以把自己打扮得有个性、有品位，可以展示自己优雅的一面，让自己充满魅力。

关于女性的妆容，"淡妆浓抹总相宜"。有的展示自己优雅的一面，有的展示自己妩媚的一面，有的能显示自己干练的职业形象，有的则能显示自己温柔、女性味十足的形象……化妆，能够揭露女性心底的欲望和秘密。所以，通过化妆，我们可以探知女性的内心世界。

### 一、喜欢化淡妆的女性

喜欢化淡妆的女性有以下几个特征：没有很强的表现欲望；大多聪明、有智慧，不会在化妆这件事上耗费过多的时间和精力；往往有自己独特的想法，并且常常将其付诸实践，会因此而走向成功；很少向他人透露心底的秘密，希望别人能够尊重她们，对她们的难言之隐给予理解和支持。

## 二、喜欢化浓妆的女性

与喜欢化淡妆的女性相反，喜欢化浓妆的女性大多有着强烈的表现欲望，她们将大量的化妆品涂抹在自己的面部，并且能够忍痛用各式工具对自己的五官进行修饰，目的就是吸引他人的目光。别人的欣赏能够使她们感觉十分开心。她们的思想往往比较开放和前卫，所以一般人不能接受的大胆和偏激行为，她们却会保持赞赏的态度。她们真诚且充满热忱，就算遭到恶意的指责，也不会感觉受到了多大的伤害，依然会对他人保持尊重的态度。

## 三、不爱化妆的女性

用唐代诗人李白的一句诗"清水出芙蓉，天然去雕饰"来形容不爱化妆的女性，再合适不过了。她们崇尚自然美，而这种自然美常常给人一种耳目一新的感觉。她们不喜欢停留在表面看问题，而是会静心探究事物的本质。看人也是如此，她们总是会用心去剖析一个人。

## 四、花较长时间化妆的女性

有的女性喜欢把自己绝大部分的时间都花费在化妆上，她们不管做什么事情都要求尽善尽美，属于典型的完美主义者。她们竭尽全力也要使自己的容貌达到令自己满意的程度。即使对自己的才智和财力有十足的把握，她们对自己的容貌也还是不够自信。为了让自己更完美，她们只好不停审视自己，通过化妆来掩饰自己的不足，但是结果很可能会适得其反。

### 五、喜欢着意针对某一处化妆的女性

有这种化妆习惯的女性，通常有以下几个特征：对自己有着清楚的认知，她们十分了解自己的优点和缺点，并善于在日常生活中扬长避短；她们充满自信，永远相信"付出就会有回报"的道理，所以总是会脚踏实地地为自己的目标而奋斗；她们讲求实际，不会沉浸在不切实际的幻想中；遇事沉着冷静，做出判断时坚决果断，但是往往不能纵观全局，这使得她们总是收效甚微。

### 六、喜欢化搞怪妆容的女性

有的女性喜欢化一些搞怪妆容，比如，化烟熏妆，涂着颜色夸张的眼影，嘴唇有时涂成黑色，等等。喜欢如此化妆的女性往往把化妆当成了一种宣泄情感的方式。她们有着强烈的逆反心理，而现实又往往与她们的愿望相悖，所以她们通过一些非常规的思想和行为来显示自己与社会的对抗。

知识拓展

#### 女性化妆的色彩心理

通过女性所喜欢的不同颜色的化妆品，我们同样可以看出她们的性格。

**红色妆容：**红色象征着热烈、奔放、激情等，喜欢红色的女性

大多数个性积极、热情奔放，浑身上下充满着活力和能量。化红色妆容的女性常常看起来精神饱满、生机勃勃，她们在现实中对工作和爱情都是百分百激情投入，属于绝对忠实于欲望的人。

黄色妆容：喜欢这种妆容的女性善知善觉，异常聪慧，有着格外发达的神经系统。通常，她们头脑清晰，思维敏捷，具备很强的思考力和理解力，同时具有冷静的判断力，自身常常诙谐风趣，所以对周围的人有着很强的吸引力。但是过分追求完美也容易成为她们的弱点，使得她们有一种超负荷的感觉，甚至会品尝到失败的滋味。

蓝色妆容：选择这种妆容的女性大多聪颖机敏，沉着冷静，她们的性格通常偏内向，喜欢封闭自己，不让别人看出自己的心事。虽然她们不断思考，但是有种"作茧自缚"的矛盾感，往往给别人留下羞涩又生硬的印象。

灰色妆容：灰色是妆容界的流行色，代表一种时尚感。喜欢灰色妆容的女性，通常趋向于成熟、励志、冷艳高贵，并且有着非凡的意志力，表现出一种内柔外刚的风范。

## 服饰，折射出一个人的性情和品位

| 读人关键词 | 穿着　性情　心理 |
| --- | --- |

在古代，衣服的式样和质料常常是判断一个人的年龄、身份、地位甚至宗族的标志。在今天，虽然衣服的这种功能被弱化了，但是它仍属于人的"第二皮肤"，我们依然能从人的衣着中获取一些相关信息。

在生活中，人们在穿衣打扮时，常常会精心进行颜色、质料和情调的搭配，人们对服饰的这种搭配的喜好很容易使自己的心理状态展露无遗。虽然很多人都不愿让别人从他们的衣着上看出他们的职业、经济能力和心理状态，而是想让别人看到他们所希望表露的个性，但是，实际上，人的内心却直接反映在了穿着上，服装能够清晰地反映出人的性格和心理状态。

由此可见，衣服是个体的一部分，它和穿着者难以分开，心理学中将这种现象称为"延长自我"。根据这套理论，我们可以通过对方的服饰来分析他的心理状态。

通常来说，我们可以从以下几个方面来分析对方的心理。

### 一、从服装华丽程度来看

服装的华丽或者朴素能显示一个人的性格和心理。

大多数情况下，喜欢穿华丽服装的人，往往有着极强的自我表现欲，还可能会有歇斯底里的一面，尤其是对金钱有着非常强烈的欲望。所以，对于这种喜欢身着华服的人，我们在与其交往时，可以多夸夸他们的服饰，以满足他们高涨的表现欲。

相对来说，那些喜欢穿简单朴素的衣服的人，性格就不会那么张扬，甚至可能缺乏一种主体性格，他们自身不够自信，常常试图通过向他人展示威严来弥补自己自卑的感觉。对于穿这种服饰的人，我们最好不要与他们争执不休，因为越是自卑的人越会通过与他人相持不下地争吵来保住仅有的一点面子。我们能做的就是大方地接受他们的观点，让他们感受到你的宽容大度，而你也能取得意想不到的成效。

### 二、从服装的"同调行为"和"部位打扮"来看

服装的流行现象与人类的心理活动之间有着千丝万缕的联系。法国的启蒙思想家波特尔曾将流行服饰比作"三心二意的讨厌女神"，但还是有很多人容易被这位"女神"引诱。尤其是女性，常常会对社会上现时流行的服饰格外敏感，而且经常会随着这种流行趋势的变化而改变自己的服饰。

其实，这是女性普遍具有的一种特殊爱好，这种现象在心理学上被称为"同调行为"。当然，男性中也不乏追逐流行服饰的人。

至于"部位打扮",简单来说,就是一些人特别重视对身体某一部位的打扮。他们之所以如此,常常是为了掩饰自己体貌上的某种不足。比如,有的女性对自己的容貌不自信,就在穿着上进行弥补,让自己穿得漂亮一些;有的男士秃顶比较明显,就故意穿上昂贵的鞋袜,以此掩饰头顶的缺陷。

总的来说,注重"部位打扮"的人大多十分在意自己的弱点,并把它当作一种精神负担,时时反映出一种冲突和矛盾难以解决的心理症结。

### 三、从对方服饰的突然变化来看

如果一个平时西装革履的人某天突然穿了一身休闲的运动装,这常常会引起周围人的好奇,他们不禁在心里产生疑问:"他今天是怎么了?"从这个表象的精神层面来说,这个人的内心一定是受到了某种刺激,这使得他的想法发生了若干变化,从而产生了某种新的企望。

在生活中,有的人面对不同的情况会改变自己的穿衣风格,甚至会穿完全没有经过选择的服装,这明显是情绪不安所致。这也意味着,他们有意摆脱以往单调的生活,希望去过一种富有变化的生活。

除此之外,还有一些人对流行服饰毫不关心,个性十分强硬。在他们看来,倘若与别人采取"同调行为",就等于失去了自我。这种人在工作中往往表现出很自我的一面,即使碰到很小的事情,他们也会张口闭口以自我为中心,因此常常招致他人的反感。

当然，还有一些人介于两者之间，既不会对流行服饰格外着迷，也不会毫不关心，他们懂得适度、逐次适应流行服饰的潮流，选择最适合自己的服饰。此类人往往能够适度尊重自己的主张，不会完全盲从他人。

**知识拓展**

## 以"鞋"识人的技巧

从古罗马时代起，人们就开始用鞋来标志一个人的身份。出身高贵或者接受过良好教育的人在年幼时就会被灌输这样一种思想——鞋不单单起到保护脚的作用，更是一个人身份的象征。在英国，人们更是常常以"鞋"取人，因为他们认为鞋展现了一个人的真实情况。

由此可见，在读人的过程中，鞋并不是一个可有可无的微不足道的角色，而是一个极为重要的角色。从一个人所穿的鞋上，我们可以看出这个人的性情。对于大多数人来说，鞋是判断他们品性的检测器。

下面是几种常见的穿鞋的情形及相应人物的性情分析。

喜欢穿同一款，钟情于同一个品牌的鞋子的人，思想比较独立，他们重视自己的感受，很少受到他人的左右。他们清楚自己的喜好，不会违心做任何选择。他们做事谨慎小心，只有在深思熟虑后才会做出决定，并且一旦做出决定就会竭尽全力去完成。他们重视家人和朋友，是忠诚、专一的人。

喜欢穿运动鞋的人，往往积极乐观，他们待人亲切和善，令人感到轻松和愉快。但是他们的生活常常没有规律，比较随便。

喜欢穿款式普通但是没有鞋带的鞋子的人，整体看起来没什么特别之处，穿着中规中矩，思想比较传统、保守。他们习惯盲从他人，没有很强的表现欲，但是非常追求整洁的感觉。

喜欢穿靴子的人通常缺乏自信，他们之所以选择这种款式的鞋，多是看中了靴子比其他款式的鞋更能掩盖脚部。所以这种选择可以说是他们追求安全感的一种特殊表现。

## 留心肢体语言，警惕外表的欺骗性

| 读人关键词 | 外表　肢体语言　身体特质 |
| --- | --- |

一个男士走进洛杉矶某法庭。一眼望去，他看起来光鲜亮丽：穿着剪裁合身的海军蓝西装，鞋子打磨得锃亮，指甲也修剪得很干净。不管谁看见他，都向他投去赞赏的目光。

法警看到他的压花公文包、昂贵的袖链和价值不菲的腕表，还以为他是某个案子的大牌律师，于是就询问他代表哪位，是来办理什么案子的。

可是，那个男人一开口，形象瞬间崩塌。他的语气很虚弱，说起话来断断续续，词汇量极其不足。他刻意压低声音，以免被旁人听到。他向法警解释道，他不是律师，也不是来办理民事诉讼的，而是来找自己的代理律师的——他是一桩性侵刑事案的被告。

这一幕表明，一个人的外表并不能说明什么，我们想要真正了解一个人，不但要看他的外表，还要尽可能留意其肢体语言方面的表现，因为它们能够传达出此人想要掩饰却在无意中泄露出来的信息。

比如，在面对一位女士时，你可能留意到她眼睛的大小、形状，眼妆，鱼尾纹，这些属于"外表"的范畴；你还能看出她的目光是否亲切，是否愿意与你的目光接触，这些则属于"肢体语言"的范畴。

对于外表，我们可以有一定的控制权，比如通过刻意改变装扮，可以在很大程度上改变自身形象。但是，我们对肢体语言却往往无法控制。

所有主动的身体特质都体现了一个人的自主选择，如化什么样的妆容等，它们透露出的信息大多显示出某人希望外界如何看待自己。而且，很多被动的身体特质，也是可以改变的。比如，身材矮小的人可以通过穿高跟的鞋子、戴顶帽子来掩饰。

我们知道，从一个人所佩戴的珠宝和配饰，我们可以获得他的爱好、品位、经济状况等方面的信息；从一个人的穿着，我们可以推测他的价值观或者生活风格（如某人是讲求实际还是喜欢浮夸）；从一个人的妆容，我们也可以获知其性格方面的信息。即便如此，我们也不能完全看透一个人，因为服装、配饰和妆容可能是他刻意营造的。

相对而言，肢体语言能够提供更多基本信息。一般来说，没有多少人能意识到自己的身体对外界做出的所有反应，能每时每刻随心所欲地控制那些反应的人就更少了。虽然人们可以通过刻意的学习来保持优雅的礼仪和身姿，但是他们的面部表情、眼神变化、交叉双腿、紧张地敲桌子等下意识的表现却难以持续地被压制。

由此可见，肢体语言比外表更能清楚地揭示一个人内在的性格和各种各样的情绪。虽然两者能够提供不同类型的信息，但是对于读人来说，它们提供的资料同样重要。它们指向的有时是同一方向，有时却是南辕北辙。重要的是，我们要擦亮双眼，去捕捉所有相关的信息，不要被某一方面的假象所迷惑。

**知识拓展**

## 如何解读文身的深层含义

文身可以揭示很多层次的信息，而且文身这一主题本身就意味深长。比如，在身上文一朵小花或者一只蝴蝶，可能代表文身者喜欢艺术，想要通过文身给生活带来一些美感或者趣味等。

那些大型的、非常明显的文身，通常代表以下几种含义：特立独行，叛逆，不妥协，一种艺术气质或者吉卜赛精神，某个圈子的标志。

如果一个人文了比较显眼的图案，那通常表明他很个人主义，不愿妥协。一般来说，文身的图案越大、越显眼、越大胆、越惊人，就越能揭示文身者的性格。

在现代，文身已经比较常见，人们对文身者已经有了很高的接受度，大多数人不会再对文身反感。但是，通过观察文身的主题、新旧程度和位置，我们可以从中得到一些信息。

那么，我们该如何解读文身呢？

首先，文身的大小和位置对解读此类"整形"特征十分重要。比如，脚踝上的一小朵玫瑰花和整个后背上文着的一条巨龙完全是两码事。同样的，额头上的文身和完全被衣物遮盖的部位上的文身也有着截然不同的含义。

其次，要把整体形象考虑在内。比如，有的人违背家人的意愿而去偷偷文身，就不能简单地认定他是一个叛逆的人，或许他只是为了从众，想要融入朋友圈而已。

最后，有的人只是希望通过独一无二的文身来彰显自己的个性。有很多人在自己身上文上配偶、家人或者已故亲友的名字，是为了宣示对他们的爱和忠诚。

## ☆心理测试：你是一个"以貌取人"的人吗

在人际交往中，你是一个"以貌取人"的人吗？你会不会特别看重一个人的外表？下面我们就来测试一下吧！

### 测试题目

和朋友一起出游，站在桥上观赏风景的时候，你的帽子被风吹掉了，这时你会怎么办？

A. 束手无策

B. 喊人帮忙

C. 伸手试图抓住帽子

D. 到河的下游等

### 结果分析

若选择A，表明你比较相信自己的直觉，对美貌与否并不看重，一见钟情的感觉才最重要。默默的心灵层面的交流，是你最喜欢的。反正外貌是可以修饰的，只要别太离谱，每个人都有值得你欣赏的地方。

若选择B，表明你重视能与自己畅快沟通的人，同性自然可以成为生死之交，异性则会成为恋人。对于恋人和朋友的界限，你并不那么清晰，并热衷于将异性朋友转变为恋人。

若选择C，表明你是这样一个人：你通常都会选择高水平的异性作为目标，这倒不是因为审美能力出众，而是因为你有强烈的好胜心。能够拥有出众的恋人在身旁，无形中就确认了你的胜利。何况，恋人越是难追，追求中感情越是波荡起伏，越会刺激你的好胜心。

若选择D，则表明你是一个追求完美的人，选择恋人也是很挑剔的。当然，外表并不重要，内在心灵的纯洁才是你欣赏的美丽。虽然如此，如果对方的长相实在令人无法恭维，你也不会多看一眼。

# 第三章

## 识别面部小动作，从对方表情上"做文章"

我们常说，要学会"察言观色"。这里的"观色"指的是观察别人的脸色，也就是观察对方的面部表情。一个人的情绪常常通过面部表情表现出来，观察面部表情，我们可以了解其内心的动态，进而做出得体而正确的反应。

## 表情：观察内心世界的几何图

| 读人关键词 | 表情　观察　情绪 |

　　关于表情，1912年获得诺贝尔生理学或医学奖的法国外科医生、实验生物学家卡雷尔曾在他的著作《人之奥秘》一书中这样写道："我们会见到许多陌生的面孔，这些面孔反映出人们的心理状态，而且随着年龄的增长，将会反映得越来越清楚。脸就像一台能展示人的感情、欲望、希冀等一切内心活动的显示器。"法国启蒙思想家狄德罗同样指出，一个人"心灵的每一个活动都表现在他的脸上"。

　　可见，人的面部表情有多么重要。它在反映一个人的情绪中占有非常重要的地位，堪称"观察内心世界的几何图"。虽然人类的心理活动非常微妙，但是能从表情中流露出来。

　　作家托尔斯泰曾经描写了人类的85种眼神和97种笑容。事实上，据专家估计，人的面部表情可达25万种之多。这足以说明，人的面部是最有表现力的部位，它能表达多种复杂的、令人费解的情绪，如愉快、冷漠、吃惊、恐惧、厌恶、轻蔑、迷惑等，而且它传达的情感信息比其他媒介传达的更准确。

在现实生活中，人们常常借助多变的表情来表达自己的感觉，只不过有的是自己内心真正的感觉，有的是经过设计的反应，还有一些是为了达到某些目的而伪装的感觉。那么，面对如此复杂的情形，我们该如何辨别这些表情的真伪呢？不妨从以下两个方面着手来辨别。

**一、观察多变的面部颜色**

人面部的颜色是复杂多变的，会随着内心的转变而发生变化，这就是说，人的面部表情可以表达不同的意义。这主要是因为人面部肤色的变化是由自主神经系统引发的，而且很难被控制和掩饰。

在现实生活中，我们会发现，面部颜色变化较常见的是变红或者变白。变红的情况有两种：一种是人们在遇到害羞、羞愧或者尴尬的情形时，脸会变红；另一种是在感到极其愤怒时，面颊也会瞬间转为红色。而面色发白则可能是此人承受了巨大的痛苦或者压力；不过，在感到十分惊骇或者恐惧时，脸也会瞬间变白。

**二、留意表情变化的时间**

从一个人表情变化的时间的长短也能辨别出其情绪的真假。每一个表情的出现都有其起始时间、停顿时间和消逝时间。通常来说，表情的起始时间和消逝时间并没有固定的标准。比如，完成一个真实的惊讶表情需要的时间可能还不到1秒钟。所以，我们更容易判断的是一个表情持续的时间。

通常，一个自然表情持续的时间并不会那么短暂，有的甚至能持续4～5秒钟。不过，需要注意的是，如果一个表情持续的时间过长，那么就有可能不是真实的表情。例如，持续10秒以上的表情，就不一定是真实的情绪表现了（除非是那些感情极其强烈的情绪感受），因为人类的面部神经十分发达，即使是异常激动的情绪，也难以维持很久。

因此，要想判断一个人的情绪是真是假，从细微的表情中也能发现端倪，只是需要我们进行细致的观察。

**知识拓展**

## 小心！表情也会撒谎

在现实生活中，很多人不愿意让别人看出自己内心的真实想法，所以，单从他们的表情来看，很可能会判断失误。如何探测对方表情背后所掩藏的真实情绪？这就对探测者的观察力提出了更高的要求。在通过表情来识察对方的心理时，我们需注意以下两个方面：

第一，面无表情不代表"心如止水"。假如一个人不管别人说什么都面无表情，这并不能说明他没感情，没有情绪波动。因为人类内心的活动，如果不直接表现在脸部的肌肉上，就会显得极不自然。所以，越是没有表情，可能他的感情变化反而越是强烈。

如果仔细观察一个面无表情的人，我们就会发现他的脸色不对劲。虽然他极力使自己喜怒不形于色，但是如果内心情绪强度增加，他的眼睛就会立刻瞪得很大，鼻子上会出现皱纹，或者脸上会出现抽筋现象。所以，如果看到对方脸上忽然出现抽搐的现象，那就表明他在深层意识里正陷入激烈的情绪冲突中。这时，最好能开诚布公地交换意见，消除误会，改善双方的关系。

不过，有时面无表情也可能代表有好感或者是在表达爱意。尤其是女性，在喜欢的人面前常常会表露出相反的表情，一副对对方很不在乎的样子，其实骨子里是十分在意的。

第二，人在愤怒、悲哀或者憎恨至极时，常常会微笑。人们常说的"脸上在笑，心里在哭"就属于这种情况。有时候，纵然对对方恨得牙痒痒，还要装出谈笑风生、举止也落落大方的样子。

他们之所以会这样做，是出于这样的考虑：如果将自己内心的真实想法或欲望毫无保留地表现出来，就是违反社会的规则，甚至会导致众叛亲离，成为众人指责的对象，受到社会的制裁。所以这是一种不得已而为之的行为。

## 眼部肌肉越灵活，暴露的秘密越多

**读人关键词** 眼神　眼球转动　瞳孔变化

印度著名诗人泰戈尔曾说过这样一句名言："任何人一旦学会了眼睛的语言，表情的变化将是无穷无尽的。"眼睛不仅是人体非常重要的视觉器官，还能真实地表达各种情感，这就是人们常说的"眼睛是心灵的窗户"。

一个人内心的所思所想常常会通过他的眼神传达出来。读懂一个人的眼神，就能知晓他的内心状况。《孟子·离娄上》中有这样的描述："存乎人者，莫良于眸子。眸子不能掩其恶。胸中正，则眸子瞭焉；胸中不正，则眸子眊焉。"这表明，一个人的心术是正是邪，透过他的眼神就能看得一清二楚。

除了观察一个人的眼神外，我们还可以从他的瞳孔和眼睑的张缩、眼球的运动来观察其眼部的细微活动。比如：

眼睑和瞳孔同时急剧收缩，表明对方极端愤怒；二者同时张开，则代表对方十分震惊。

当人感到恐惧的时候，瞳孔会收缩，眼睑会放大，或者干脆闭上眼。

人在悲伤的时候瞳孔不会有什么变化，但是眼睑会缓慢地小幅度收缩；相反，当人在开心的时候，眼睑会较快地收缩，瞳孔同样没什么变化。

当人在负面心理压力下思考时，眼球会水平移动，这代表此人在说谎。

如果某人的眼球向上大幅度活动，也就是俗称的"翻白眼"，那么表示他对接收到的信息感到荒唐。

透过眼睛识人的方法由来已久。人的个性几乎是一成不变的，所以俗语有"江山易改，本性难移"的说法。把心理活动表现得最显著、最难以掩藏的，不是语言、动作和态度，而是眼神。

因此，不管我们在何时何地与他人打交道，都一定要注意观察对方的眼睛。

## 一、眼球转动代表一种无声语言

人们在进行交谈时，眼球会朝着不同的方向转动。通过观察对方眼球的转动方向，可以助你判断一个人内心真实的想法。

一般来说，有以下几种情况：

如果一个人向上看，那么他很有可能在思考或者试图想起什么。他或许是一个视觉型思维的人，而且正尝试着在大脑中形成一个图形。

如果一个人向下看，那么他可能对某件事感觉愧疚，也可能表示服从的态度。

如果一个人的眼睛向侧面看，那么代表他可能要生气了，或者表示一种试图逃避谈话或者心不在焉的态度。

如果对方的眼球比较稳定，很少转动，则说明他的态度比较诚恳。

如果对方目光游移不定，说明他暗藏打算。

二、瞳孔会泄露对方的秘密

科学家经研究发现，人的瞳孔不会撒谎，它是生命机能灵敏的显示器，是大脑的延伸，可以最真实地反映一个人内心的真实感受。

瞳孔对兴趣的反应灵敏得让人吃惊。爱德华·海斯博士根据自己的临床实验总结道："当眼睛捕捉到足以令人感觉舒爽的、刺激的事物时，瞳孔会在无意识的情况下迅速扩大。"也正因为这一点，现实中，珠宝商会根据顾客瞳孔的大小变化来要价。

当然，一个人的情绪发生变化，他的瞳孔也会随之扩大或缩小。当一个人被某人或者某样物品吸引时，他的瞳孔就会扩大；当一个人极度愤怒或者犹豫不决时，他就会呈现一种"激光式的眼神"。

知识拓展

## 读懂对方的眼神后，该如何应对

我们通过眼睛探知对方的真正意图，目的在于决定下一步的行为。下面我们就介绍几种常见眼神的应对策略。

眼神沉静：说明对方对你着急的问题已经成竹在胸，稳操胜券。这时，你可以向他请教解决的办法，若他不肯明说，可能是事关机密，那就不必多问。

眼神散乱：表明对方也无可奈何。这时你着急也没用，只能自己平心静气地另想办法，不必再多问，多问只会让对方更加显得六神无主。

眼神横射，仿佛带刺：这说明对方异常冷淡，就算你对他有什么请求，暂且也不必陈说，应借机退出，并研究他对你冷淡的原因，然后再寻找恢复感情的方法。

眼神阴沉：这是一种凶狠的信号。若要与他交涉，就一定要小心，除非早有准备与他一较高下，否则最好鸣金收兵。

眼中冒火：对方此时正怒火中烧，如果你不打算与他决裂，最好保持妥协，速谋转机。否则，再紧逼一步，双方可能就要发生正面的剧烈冲突。

眼神恬静，面带笑意：此时对方可能对某事感到满意。这时，若要讨他的欢喜，可以多说一些恭维的话；若有求于他，也是一个好机会，相信他会比平时更容易满足你的愿望。

眼神安定：表明对方认为你的话有听的必要。这时，你可以按照既定的计划婉转陈述，只要你的见解不俗，办法可行，他是乐于接受的。

眼神上扬：对方明显不屑于听你讲话。不管你的理由如何充分，说法如何巧妙，结果都不会皆大欢喜，不如及时打住，另寻接近之道。

## 鼻子也可以表达"情绪"

**读人关键词**　　鼻子　静态　动态

有身体语言学家指出，人们在进行交谈时，常常会忽略对方的鼻子，实际上，鼻子的变化也能反映出一个人的心理变化。

曾经有位专门研究身体语言的FBI特工，为了弄清鼻子的"表情"问题，他在车站、码头、机场等人多的地方进行了一次解读"鼻语"的实验。经过几天的观察，他得出了一个结论：人的鼻子是会动的，所以鼻子是一个有身体语言的器官。

根据他的观察，当受到香味或者异味等气味刺激时，鼻孔有明显的张缩动作，有时甚至整个鼻体都会微微颤动，接下来往往会出现打喷嚏现象。他认为，这些"动作"都是鼻子在向外界传递信息。

此外，他还发现，那些鼻梁高的人常常会产生某种优越感，表现出一种"挺着鼻梁"的傲慢态度。

这就是说，从静态的鼻子上，我们很难探索出一个人的性格和心理，但是我们可以从鼻子的细微"语言"中窥视他的内心世界。

在生活中，如果一个人歪鼻子，代表他对某些人或者事物不太信任；抖鼻子这一动作显示此人很紧张，但也可能是发怒或者恐惧的表现；哼鼻子表示对某人或者某事产生了排斥情绪，对其嗤之以鼻；等等。

不仅人类，甚至动物有时也会用鼻子来表达情绪。如果仔细观察，我们就会发现，大多数动物喜欢用龇牙和扩张鼻孔来传递攻击信号，尤其是黑猩猩等灵长类动物，当生气发怒的时候，它们常常将鼻孔扩张得很大。

此外，鼻子还有很多其他丰富的"表情"，这些"表情"能够提供一定的心理状态的线索。

下面我们通过鼻子微小的变化来解读更多不为人知的身体语言信息。

## 一、鼻子皱起

这种动作最初是因为闻到了某些味道，人们通过皱鼻子来表示对那些味道的不满和厌恶。这种习惯性的行为很可能有一定的自然环境诱因，因为吸入讨厌的味道会使人皱起鼻子。比如，当一个男士抽烟的时候，旁边的女士就可能会因为浓重的烟味而皱起鼻子。

后来，这种情况演变成了另外一种情形：当人们看到一个衣着邋遢或者品行不端的人时，也会通过皱起鼻子来表示对对方的不满和不屑。

## 二、鼻尖冒汗

有的人在交谈时，忽然鼻尖冒汗，这一现象表明对方存在一定程度的紧张和急躁心理。如果对方是一个重要的交易对手，出现这样的现象，表明他想尽快达成协议，而且是无论如何都要达成交易。

## 三、鼻子泛白

一个人鼻子泛白，通常会出现在三种情形下。第一种情形是，当他内心感到恐惧或者有所顾忌的时候，鼻子会泛白。第二种情形是，如果他不是对方的对手或者与对方没有什么利害关系，那么，鼻子泛白很可能是源于他踌躇、犹豫的心情。第三种情形是，某人在自尊心受到伤害、感觉困惑、产生罪恶感和遭遇尴尬的时候，也会出现鼻子泛白的现象。

**知识拓展**

### 人触摸鼻子的动作代表了什么

通常，人们在某种情形下，会出现下意识的触摸鼻子的动作，比如擦鼻子、捏鼻梁等，这些动作都代表什么含义？

擦鼻子：代表欲盖弥彰。触摸鼻子或者轻轻擦鼻子（通常用食指）的动作常常表示怀疑。当一个人不确定是否要说出一些事情，或者对别人的阐述表示怀疑时，往往会做出摸鼻子的动作。不过，此动作有时还有猜疑、不确定或者抵触的含义。

需要注意的是，并不是所有擦鼻子的动作都代表怀疑的态度，有时，一个人擦拭鼻子仅仅是因为他的鼻子很痒。但是，因鼻子痒而擦鼻子和用手触摸鼻子以表示否定或反对的意思，两者还是存在一定的差异的。两者的区别在于：人们在因鼻子痒而挠鼻子时会比较用力，而因产生怀疑或者在撒谎时触摸鼻子的动作会比较轻柔。还有一点不同的是，后者动作看起来比较优雅，并常伴随一些譬如交叉双臂、身体动来动去或者快速眨眼等动作。

捏鼻梁：代表处于深思中。如果一个人用手捏自己的鼻梁，那么往往表明他正在关注并深思自己所要做的决策。一个人内心正处于激烈挣扎中的时候，会把头放得很低，同时伴随着捏鼻梁的动作。商界人士在陷入决策困境中时，常常会出现这种姿态。

此外，在大多数情况下，一个人在捏鼻梁的同时闭上眼睛，这种姿势代表着他的内心产生了强烈的怀疑。

## 下巴的角度，代表着对方的态度

**读人关键词**　下巴　动作　自我接触

有心理学家将下巴称为"个性的标语"。虽然下巴是整个面部动作最少、最简单的部位，但是只要仔细观察，还是能从中发现一些端倪的。

下面通过一个情景来进行分析。

当你对着一群人发表自己的见解时，只要留心观察，就能发现这样一个有趣的现象：在你发言的过程中，有很多人会把手放在脸颊上，摆出一副估量的姿势。

当你的发言接近尾声，提出让大家发表一下意见或者看法时，又出现了一个有趣的现象：他们会迅速改变自己原先保持的估量的姿势，然后将手移到下巴处，并轻轻地抚摸下巴。这时，你就会发现，他们每个人下巴的角度是不一样的。下巴的角度不同，所代表的态度也是不同的。

一般来说，分为两种情形。一种情形是，有的人在抚摸下巴之后，会将自己的手臂和腿交叠起来，身体后仰，下巴抬高。这种姿势表明他们最终的决定可能是否定的。此时，你不可乱了阵脚，因为事情还没到完全无法挽回的地步。你可以迅速征求一下他们的意见，请他们说出否定的原因，然后解答那些疑惑、不满。这样做，那些原本心存疑惑、情绪不满的听众可能就会改变自己的决定了。

另一种情形是，有的人在抚摸下巴之后，身体向后靠，同时手臂张开，下巴的弧线内敛，这就表明他们的决定很可能是肯定的。这种情况当然是好的，接下来你就可以在台上挥洒自如了。

下巴的动作表明认可或者否定的态度，下巴的角度还和威严感、傲慢有关。如抬高下巴通常会给人一种盛气凌人的感觉。

有一位女总裁在外地出差，因为一些事和下榻的宾馆的服务员发生了争执。她坐在沙发上，服务员站在她的对面。女总裁说："你不用说了，把你们经理找来。"她说话时，高高抬起下巴，但是视线却没有落在对面的服务员身上，而是望向了另一边。

通常来说，当对方的视线位置比我们高时，我们可能会抬起头来与之对话，但是在这里，女总裁显然不是因为这个而抬高下巴。她的这种姿态显示了一种傲慢和高人一等的态度。她用高抬的下巴和望向另一边的视线向对方传达了这样的意思——"我对和你谈话没有兴趣"。

与此相反，下巴收缩代表了一种小心翼翼的畏惧。爱收缩下巴的人通常谨言慎行，行事小心谨慎，所以能做好手上的工作。但是他们只注重眼前的工作，相对比较传统和保守。

除此之外，还有一个抓抚下巴的动作，代表的是一种"让我考虑考虑"的沉思的姿态。它也是人们在进行决策时经常出现的姿态。

这方面的例子有很多。在舞台上，尤其是在莎士比亚戏剧中，大部分演员常常会做出这种姿态，配合恰当的话外音，表明此人正在仔细地研究、判断或者分析问题。还有，在观看棋赛时，我们也会发现，比赛者在准备走下一步棋时，也会做出这种姿态。

当然，在做出决策之后，这种摸下巴的动作就会停止。

不过，有时摸下巴、脸颊的动作还代表不安、恐惧等情绪和心理状态。

比如，美国前总统尼克松被卷入水门事件之后，有一次，在接受记者采访时，他就做出了摸下巴、摸脸颊等动作，但是，在此之前，他从未做出过这类动作。因此，心理学家认为，尼克松与这次事件肯定脱不了干系。

这是因为，心理学认为，触摸自己的身体这种"自我接触"的动作，主要作用在于"自我安慰"。自我接触的基本意义主要在于缓解内心不安、紧张加剧、恐惧等。通常，人们在精神受到伤害或者出现紧张情绪时，会不由自主地做出一些举动，如摸、抓、捏自己的身体等。尼克松所做出的自我接触行为，就是因为知道证据确凿，而不自觉地将自己的恐惧心理表露了出来。

知识拓展

## 下巴的两种常见"情绪"

下巴的动作虽然轻微，但是我们还是可以通过它的细微变化来解读他人的心理状态。以下是两种常见心理状态下下巴的表现。

愤怒时下巴的表现：人在愤怒时，下巴往往会向前撅着，这种动作通常代表着威胁和敌意。观察那些不服管束的孩子，你就会发现，他们在回答"不"之前所做的一件事通常就是挑战性地撅起下巴。

厌倦时下巴的表现：如果一个人手平展，轻叩下巴数次，那就表示他正处于厌倦的情绪之中。起初这个动作仅仅代表某人吃饱喝足没事做，现在则代表厌倦的含义。

## ☆心理测试：笑一笑，看看你的心机有多深

从笑容可以看出我们的心情。不过，你知道吗？从笑容中也可以看出你的心机有多深。来做做测试，看看你的心机有多深。

**测试题目**

有一个小朋友在上课时很想上厕所，便举手说："老师，我要大便！"老师非常生气地说："不可以用这么粗俗的字眼，不准去！"可是那名小朋友憋不住，只好又举手说："老师，我的屁股想吐！"看到这里，你会怎样笑呢？

"呵呵"地冷笑或是干笑——A

遮住嘴巴笑——B

嘴巴张得大大的，毫不掩饰地笑——C

想憋又憋不住，"扑哧"笑了出来——D

**结果分析**

答案A：心机指数90%

你很有心机，不管是用阴谋还是用阳谋，总可以自由地操纵

别人，以达成目的。你无时无刻不在观察别人，是个厉害的狠角色。

答案B：心机指数70%

你是那种宁愿自己生闷气，也不轻易说出来的人，通常会紧闭心门，却又渴望别人能主动了解自己。为人有点儿现实且有点儿固执，一旦心意已决，不管什么人也说不动你。

答案C：心机指数40%

你是很单纯的人，因为你很有担当，不太会因为别人而随意更改自己的想法。待人通常两极化，不是极好就是极坏。因为你是个疾恶如仇的人，所以很难和讨厌的人来往。

答案D：心机指数60%

你是一个心地善良的人，当他人有困难时，你可以毫不吝啬地为他分忧。但是你经常忽视自我需求，可能为了别人而牺牲自己。

## 第四章
### 读取对方的"话中话"，以贴心的回应赢得好感

    语言是一门艺术，会说话，说对话，说好话，是一个人情商高的表现。然而，前提是，你要读懂对方的话，不仅要明白话语本身的意思，还要读懂言外之意，这样才能走进对方的内心。

## 不爱说话就是性格内向吗

| 读人关键词 | 说话　性格　内向 |
|---|---|

通常来说，说话是人与人之间用来表达内心想法、感受和情感的方式，是完成内心思维意识化的一个工具，也是进行人际交流和沟通的手段。

然而，在现实生活中，有的人不爱说话，于是，有些人就认为他性格内向，甚至说这个人可能患有自闭症。

事实真的是这样吗?

显然不是。说话作为社会交往的一种重要手段，有时候"说"是一种交往方式，"不说"也是一种交往方式。只是有时说话是有益的，有时不说话反而更有益。

下面我们从心理层面来剖析一下"不爱说话"背后的心理原因。

**一、原生家庭的影响**

人们通常有一种思维定式，喜欢用"性格"这个心理学名词将一个人限定住，并习惯性地认为不爱说话的人性格内向。显然这种认知存在一定程度的偏差。大部分内向的人只是在大多数场合中不爱说话，但是在熟悉的亲友面前或者遇到知音的时候，同样会滔滔不绝。

他们会形成这种性格，与他们的生活环境息息相关，也就是与心理学中所讲的"原生家庭"有关。在不同的原生家庭生活环境中，人们的心理形成了相应的应对机制。

比如，每一个婴儿都是最直白、最善于表达的，他们饿了会哭，渴了会喊，开心的时候会"咯咯"地笑。随着慢慢长大，他们学会了说话，并且经常"口不择言"，有什么说什么。这时，如果家长加以干涉，要求孩子不能哭、不能喊、不能说，长期如此，孩子就容易形成不爱说话、不爱表达的内向型性格。

**二、社会的影响**

不爱说话也可能是因为受到社会的影响，其主要影响来自社会常模。社会常模指的是在社会中人们通常赞同的那些行为模式。对于说话来说，"言多必失"是一种社会常模，有的人认为说得多，就可能会错得多，于是信奉"沉默是金"，于是沉默成了他们的日常习惯。

比如，大多数男人喜欢沉默，他们认为，要想获得一定的社会地位，让自己显得高深，就只能少说话，但凡说话，就必要一鸣惊人。而且，为了承担更多的社会责任，他们也会选择少说话，以免"言多必失"，尤其是在考量权力和金钱的时候，更是如此。

**三、性别的影响**

两性之间在语言表达方面有显著的差异。一般来说，女人喜欢说话，男人则往往比较沉默。男人的沉默，其实是一种积蓄力量、自我解决的过程。比如，女性在遇到困难或者遭遇痛苦的时候，常常喜欢一吐为快；但是男性在这种时候，为了专心思考以解决问题，会选择一个较为安全的角落，静静地思考。此时，他们的确无话可说，但是整个人却在积蓄力量，等待着爆发的那一天。

### 四、表达能力欠缺

有的人不是不想说话，而是表达能力欠缺，无法将内心的想法表达清楚，有时甚至会因为急于表达而出现口吃的现象，这使他们更加表达不清，还很可能会遭到嘲笑。渐渐地，他们就养成了沉默的习惯。

如果这种情况不能得到改善，他们就会变得自卑，此后只要遇到需要表达个人主张的场合，他们就会选择退缩。所以在遇到有人说自己不善表达，有说话不当的地方请多多包涵的时候，这可能并不是他们谦虚，而是他们真的表达能力欠缺。这时我们千万不能嘲笑他们，而是应该给予鼓励与支持，这样不仅能营造良好的谈话氛围，还能帮助他们增强表达的信心。

### 五、缺乏共同语言

如果一个人与交谈对象没有共同语言，双方之间也会常常出现冷场的尴尬气氛。有共同语言可以理解为彼此的兴趣爱好、志愿、理想相契合。这也是很多青少年和父母很少交谈，但是和相熟的朋友却相谈甚欢的原因。他们和父母说话少，不是因为不爱说话、不善表达，而是因为彼此之间没有共同语言。

在大多数情况下，人们更愿意和那些思想相近的人交流，因为彼此的思维想法接近，在沟通时更容易达成结果。

除此之外，人们不爱说话还有一个原因，就是感觉没必要说话。他们认为不需要说话问题也能得到解决，于是就选择用沉默的方式来应对。

只要对照上述几个原因进行仔细分析，你就能了解某个人为什么会讲话那么少了。重要的是，通过这样的解读，你可以获得一些关于他的至关重要的信息，辨别他是无害的还是有害的，是友善的还是富于攻击性的。了解了这些，你就可以更轻松、更精准地解读一个人的讲话内容。

**知识拓展**

### 与不爱说话的人相处的技巧

在我们身边，总会有一些内向、不爱说话、朋友不多、不爱与人交往、整日郁郁寡欢的人。遇到这种人的时候，我们该如何与他们相处呢？

首先，我们要善于引导。其实，不爱说话的人是最值得深交的一类人，因为他们一旦认定我们是他们的好朋友，就会付出他们的绝对真诚。不爱说话的人同样有着表达的欲望，只要我们加以引导，他们是非常乐意和我们交谈的。

其次，我们要给予他们最大的帮助。某人不爱说话，常常是家庭、经济、生理缺陷等不可抗拒的因素导致的。所以，我们要给予他们力所能及的帮助，也许举手之劳就能让他们变得开心起来。

最后，不要孤立他们。和那些不爱说话的人相处，千万不能把他们当成特殊群体而孤立起来。在现实生活中，人们总是不喜欢和那些不爱说话的人打交道，其实这是大错特错的。因为，从心理学的角度来说，把不爱说话的人孤立起来，就是对他们最大的伤害。这样的话，他们的思想很容易钻进死胡同走不出来，可能会陷入极端。

## 认真聆听，才能走进对方的内心

| 读人关键词 | 说话　性格　内向 |
| --- | --- |

　　在生活中，很多人无法与他人顺畅沟通，很大原因在于他们没有认真倾听，而且没有从倾听中掌握对方的一些重要信息及这些信息背后隐藏的心态。

　　事实上，在看人识人方面，倾听是一个非常重要的方式，也是掌握他人信息最直接的方式。这是因为，每一个人的谈话内容、谈话方式都能反映他的性格特点，映射出他内心的想法，人们可以通过这些信息来窥度他人。

　　除了认真倾听一个人的说话内容外，还要注意对方的说话风格。一般来说，语气温和且有长者风度的人看问题很有深度，并且可能有忠诚、可靠的性格特质；经常把专业词语和生僻词语挂在嘴边的人往往是一个自卑的人；说话幽默风趣的人往往比较睿智；等等。

　　很多人在交谈的时候，并不会直接说出自己的想法，而是进行掩饰，所以倾听者要做的就是认真观察和倾听，看看对方究竟想要表达什么意思。

不仅如此，通过倾听，我们还可以大致了解对方的性格特征，了解他为人处事的方式，以及对人对事的态度。只有摸清了这些，我们才能更有针对性地制订沟通措施和方法。

不过，倾听状态的好坏往往对倾听的效果有着很大的影响。有心理学家将倾听的状态分为四个层次。

第一层次：心不在焉地倾听。倾听者将别人的话当成耳旁风，他根本不在乎别人说了什么。

第二层次：有选择地倾听。倾听者有选择地倾听他人讲话，他只听自己感兴趣或者认为有价值的内容，并且时常会对他人的观点指手画脚。

第三层次：全神贯注地倾听。倾听者倾听的时候比较专注，会记录别人的谈话内容，而且会对那些内容进行分析和思考。

第四层次：设身处地地倾听。此类倾听者会全身心投入对方的陈述和表达中去，达到忘我的境界并产生共鸣。他们还会时不时地有针对性地提出一些建设性的问题。

如果想要了解他人话语背后的深意，最好做到认真倾听，想办法达到并保持最高层次的倾听状态。

这个最高层次的倾听状态，心理学家称为"同理心式倾听"，就是用心聆听另一个人的思维与心声，尝试通过对方的眼睛来探究对方内心世界的倾听方式。这种倾听方式是唯一能真正深入他人内心的倾听方式，也是情商高的表现。

作为倾听者，我们应该明白，自己表达的观点并不能完全解决对方的问题，我们唯一能为对方做的就是对他表示理解和体谅，并用心去倾听他的讲话。

为此，在谈话时，我们可以采用以下两种方式，来引导对方找到解决问题的方法。

第一种方式就是用自己的话，重复一遍所听到的内容，如"你认为……"。一方面，你可以借此表示自己在用心倾听他讲话；另一方面，也可以让他听到他所说的话，并对之加以修正和补充。

第二种方式是在倾听的过程中适当分析对方的心理状态，然后从自己的角度来评价一下对方的感情状态，如"你这样生气，对……"。你所说的，可能是对方并没有意识到的事情，所以，你有可能说出问题的重点，同时也能让他意识到自己的问题所在，并找到解决问题的方法。

**知识拓展**

## 警惕有以下4种说话习惯的人

在日常生活中，我们需要和各色各样的人交谈。想要通过交谈来了解对方的性格并不是一件容易的事，尤其是双方第一次交谈的时候，要想判断对方的性格更是难上加难。

不过，每个人说话的方式不同，我们可以通过他们的说话方式来了解他们的个性特点。遇到有这些说话习惯的人，就要提防了。

一是吹嘘自己有靠山的人。有一些人总是喜欢到处吹嘘和宣扬自己有靠山，即使别人没有提起这件事情，他也会主动把这个"秘密"得意扬扬地说出口。对这种人，一定要小心。因为，当你真的想要通过他与某位有力人士搭上线，或请他帮忙促成某件事时，他可能会说出如下的话：

"介绍你们认识，当然可以，但是你打算拿多少钱出来作为见面礼？"

"进某某公司，这可需要花一大笔钱。"

二是轻易许诺的人。有的人总是轻易答应别人的要求，在许诺的时候总是毫不犹豫、轻松愉快，但事后却总是食言，结果不了了之。对这类人，应将其列入不可信任之人的行列，对其不能轻信，否则可能会遭受意想不到的损失。

三是喜欢搬弄是非的人。不要以为那些将"是非"告诉你的人就是你的朋友，他们很可能是希望从你的谈话及反应中挖掘更多的谈资。所以，聪明的人不会对这类人推心置腹。对待这种人，最好的办法就是对任何有关你的传闻都反应冷淡，让他知难而退。

四是嘴甜的人。这种人开口就是"哥""姐"地叫着，叫得自然又亲切，还善于恭维，把别人夸得喜上眉梢，毫不设防。如果他对你图谋不轨，你岂不是容易上他的当？所以，当你碰到嘴巴甜、爱奉承的人时，最好提高警惕，和他保持距离，以便好好观察。

## 捕捉对方微妙的语音信息

| 读人关键词 | 语音特征　偏离　极端 |
|---|---|

一个人的语音特征和其他特征一样，如果偏离了正常的模式或者过分夸张，那可能就意味深长了。

下面我们就通过不同的语音线索来解读一个人。

### 一、语音特征异常时

我们或许都有过这样的经历：一个平时一向冷静的人突然变得暴跳如雷，张牙舞爪。当他离开以后，其余人在那里大眼瞪小眼，他们皱起眉头，忍不住说出类似"天哪，他是真的生气了，我从来没见过他这个样子"的话。

然而，人们对个性急躁的人发脾气的反应却完全不同。因为他是急性子，只要稍微受到刺激就会失去控制。当他发完脾气之后，其余的人看看四周，耸耸肩，说："他又来了。"因为大家都已经熟悉他的日常行为，所以会认为不必对他这次的情绪爆发太过认真。

当然，我们无法从一次短暂的会谈中就熟悉一个人的语音风格，不过，我们可以在第一次会面时就留意对方的大致语调、说话节奏和其他一些基本的语音特征。当掌握了他的基本语音模式后，我们就可以开始留意其中的异常之处。

比如，一个性格四平八稳的人，说话时的语调通常是比较平静的，但是他生气的时候，可能会表现出异常的安静或者呼吸沉重，而不会像其他人那样提高音量或者加快语速。

不过，需要注意的是，有一种情况是，当你第一次见到某人时，他可能比较情绪化，但是一天后或者一周后，他可能会变成另外的样子。所以，对一个人，除非迫不得已，否则千万不能仓促地做出判断。

## 二、语音特征极端时

在与一个人接触时，我们要特别注意对方语音的一些夸张之处。比如，一个人说话时偶尔的声音颤动和严重的结巴相比，后者更有可能是由于紧张。对一个天生大嗓门的人和一个大声发出安全警告的人，应区别对待。这就是说，语音特征的重要性往往和其程度有关。

不过，有时候，我们虽然留意到某人语音中的极端之处，却很难加以解读。尤其是说话者是陌生人的情况下，这种夸张的语音可能表示他的感情很强烈，但是我们不能分辨他是开心还是狂喜，是难过还是正在经历某个严重的消沉期。如果你和某人接触几次，他都表现出同样的极端特征，那么这就代表了一种模式，可能代表了一种长久的状态，我们可以据此对对方做出评估。

通常，在表现出极端语音特征时，它的"主人"也能意识到自己的异常。虽然说话者可能无法意识到自己的语音中的线索，但是如果自己的声音闪烁着兴奋的火花，或者流淌着绝望的泪水，那么他还是非常清楚的。这当然不是说他的这种语音是刻意而为之的，因为极度的开心、悲伤、恐惧和愤怒往往是无法抑制的。

事实上，如果说话者本身并不愿将自己的真实情感流露出来，却发现自己的情感通过自己的嗓音流露出来，就可能会觉得十分遗憾。当发现某人的情绪违背其本意而流露出来时，那些精明的读人大师就会采取恰当的应对措施了。

比如，如果一个女子竭力在上司面前表现得很自信，但是声音却开始颤抖，那么她就会感觉很尴尬。发现这一点之后，上司可以特别安抚一下她，让她保持精神放松。

总之，不管对方的说辞是什么，只要他的语音特征和在正常模式下的比起来十分极端，我们都应该提高警惕。人们常常有意识地通过语调来表达自己的感受，而且很多无助的人也常常通过语调而不是言辞来寻求帮助，尤其是当一个人意志消沉、受伤或者愤怒的时候，更会如此。这时，他可能会坚称"我很好"，但是他的语调却在告诉别人他并不好。因此，对微妙的语音异常保持敏感，不仅能帮助自己理解别人，实现自己的目标，还能更好地给那些需要帮助的人提供支持。

知识拓展

## 如何从语速、音调看透人心

一个人的感情和态度，往往会通过话语流露出来。只要用心揣摩，我们就能从对方的话语中听出弦外之音。

一是根据语速的快慢判断。一般来说，说话语速快的人多为外向之人，他们能言善辩，浑身充满活力，但是由于说话快，常常会给人一种紧张、压迫的感觉，同时给人留下焦躁、混乱甚至粗鲁的印象。

那些说话语速慢的人看起来有些木讷，给人的印象常常是诚实、诚恳，深思熟虑或者高深莫测，同时还会让别人看出他们犹豫不决、漫不经心、故弄玄虚，甚至消极悲观的一面。

当然，当一个人说话比平时慢时，他可能怀有不满的情绪，或者对某人产生了敌意；相反，如果一个人心中有愧或者在撒谎，他说话的速度就会自然而然地变快。

二是根据音调的抑扬顿挫判断。在言谈方式中，语言本身的音调也是传递信息的重要线索。从一个人的音调中，我们可以听出这个人是友好的还是怀有敌意的，是冷静的还是激动的，是诚恳的还是虚伪的，是谦虚的还是傲慢的，对他人是同情还是讥笑，等等。

一般来说，一个人音调柔和代表着他的坦率和友善；音调颤抖表示他正处于激动的状态中；说话总是阴阳怪气的人显得是在对人冷嘲热讽，缺乏诚意。

## 认清谈话中的"绕道"

| 读人关键词 | 愣神　打岔　跑题　胡侃 |
| --- | --- |

在日常谈话中，我们可能发现，随着双方信息的交换和意见的表达，对方可能会出现愣神、打岔或胡侃等类似绕道的状况。不过，有一种情况需要引起注意，那就是谈话中的"绕道"并不是谈话过程中的自然产物，而是其中一方试图改变话题的有意行为，这可能说明对方不愿意讨论的话题大有深意。

### 一、愣神

当你和某人正在自由轻松地聊天时，突然你说了某句话，这句话或许是一句带有挑衅、威胁意味的话，也可能是一句离题的话。这时，对方没有回应，聊天的节奏被打断了。他之所以没有回应，很可能是被你刚才的话惊到了，他"脱轨"了，需要经过一些时间才能回到正轨上。

愣神常常伴随着某种表情：满脸惊讶，脸上闪过惊慌或者焦虑的神情，眼睛一眨不眨。那感觉好像他的思维已经短路。出现这种情况，你可能会觉得自己抓到他撒谎的现行了，但是也有可能是对方对你的话很吃惊，或者很恼火，也可能是感到很沮丧。

还有一种可能是，对方一时的愣神仅仅是因为他想起了另一件完全无关的事情，比如他突然想起自己忘记锁门了。若是这样，你会在对方脸上看到走神的表情：遥远的眼神，松弛的面部肌肉。

当对方出现愣神的表情时，我们不需要通过其他问题或者评论来填补这段空当，只需要密切观察对方脸上的表情，并且回想是什么导致了这种表情的出现。

**二、打岔**

打岔往往会对良好的沟通造成致命打击，因为大多数人都希望对方能够认真听自己说的每一句话。

一般来说，打岔通常是由以下几个原因引起的。

对方对你的话感觉很兴奋，所以会插话，有时甚至激动得想要跳起来。

对方感觉你在搜刮词语，通过插话帮你的忙。

对方急于讨论其他问题，也可能通过打岔来把话题引到他的话题上去，因为他只想说服你，而并不想听你的意见。

有习惯性打岔行为的人很可能是需要寻求关注之人，他们想要从你那里抢走发言权，以便让别人将所有的注意力都转移到他身上。

对于对方打岔的行为，我们要善于分析究竟是哪种原因使他做出这种行为。

### 三、跑题

如果发现有人想改变话题，我们需要弄清楚，对方是原本乐意谈论这个话题却突然失去了兴趣，还是一开始就不是很想聊这个话题呢？解决跑题的办法是多听一会儿。如果他说了好大一会儿，还是不肯回到最初的话题上，那么他很可能就是在刻意回避那个话题。

还有一种可能是他完全沉浸在自己的事情中了，那对他很重要，以至于让他忘记了最初双方正在谈论的话题。这时，你只要把话题稍微往原来的方向上拉一拉，看看对方是否仍然抵抗。如果答案是肯定的，那么你就可以推测出他的这次跑题不是出于意外了。

### 四、胡侃

胡侃者谈话的特征通常是从一个题目跳到另一个题目，从一个想法跳到另一个想法，几乎无迹可循。有时，他们好像就是无法做到有条理地去思考，即使是几秒钟都不行。

一般来说，胡侃意味着对方紧张、迷惑、缺乏安全感、需要被关注，也可能是精神无法集中。一个平时说话思路清晰、有条不紊的人一般不会出现胡侃的情况，若是出现这种情况，那么背后的原因可能是他醉酒、极度疲倦或者心不在焉。

## 知识拓展

### 如何从对方的语气中识破其心理

心理学家经研究发现，语气往往是一个人情绪波动和心理变化的真实外在表现。如果我们能对人的说话语气和心理活动之间的关系有足够的了解，就能帮助自己在与别人交往中避免使用不当语气，还能通过对方的语气来准确捕捉其心理信息，准确了解他的所思所想，为我们自己合理的言行寻求依据，最终达到理想的交流效果。

下面我们来分析几种不同的语气类型。

肯定型：总是使用肯定的语气和别人交流的人往往是比较自信的，他们对自己的观点和行为都十分笃定。即使有人提出异议甚至反对意见，他们也会认为这只是暂时的，他们相信通过自己的努力，最终一定能获得大家的认可。另一方面，这类人通常具有一定的客观分析能力，对自己和外部环境的解读都能做到准确到位。因此，这类人在生活中看起来总是潇洒自如、自信满满。

委婉、细弱型：以这种语气说话的人，其性格中自恋的成分多一些。如果是一名女子，这样的语气很可能代表了一种高素质、高修养，尽显她的柔美和温婉。不过，如果男性说起话来也是这样的语气，则说明他的价值定位和人生追求出现了一定的偏差。这类人在日常工作和生活中，关注自己的程度远远超过关注他人和整个外部世界的程度，情况严重的话，他们很可能是自闭甚至略显神经质的人。

盛气凌人型：说话盛气凌人，代表其语气中虚张声势的成分多一些，因为这是一种畸形的自信，是一种建立在不自信基础上的抗争。虽然这种气势有时能起到积极的作用，甚至在一定程度上能让行为人达到目的，但是这要建立在对自己和对手充分了解、对事情全盘掌控的基础上，否则无异于铤而走险、孤注一掷。

条件型：所谓条件语气，就是在交流过程中经常性地使用"如果""假如""假设"等条件词语。这类人性格中最明显的特性就是不切实际。他们常常将事情想象得十分完美，但是其中的很多设想都是脱离实际的，一旦应用于实际，失败就不可避免。

## 观察言谈细节，识破谎言障眼术

| 读人关键词 | 言谈细节　表现　谎言 |
|---|---|

为了给别人留下好的印象，人们可能会说谎，有时甚至会厚颜无耻地捏造弥天大谎。

美国马萨诸塞大学的心理学教授罗伯特·费尔德曼在他的一项研究中发现，在参加该研究项目的人中，有60%的人在10分钟的会面过程中至少会说一次谎，而且大部分人在这段时间内说谎2～3次。

在现实生活中，你一定有过这样的经历：当别人向你阐述了许许多多的理由，并提供了相应的论据时，你对他的话还是半信半疑。

比如，有人向你大倒苦水，试图使你相信他如今的遭遇是多么的凄惨，但是你还是不能相信他所说的。

再比如，你送给某人礼物后，他大声地表示自己对那份礼物是如何喜欢，如何满意，但是你从他的眼神中却看出了另一层意思。

这到底是为什么呢？真正的原因在于，对方的言谈细节泄露了他心底的秘密。可以说，交谈中的细节特征，为我们识别谎言提供了依据。这些特征有的涉及对方说话的内容，有的涉及对方说话的方式。

如果一个人在说话时有以下表现，那么我们就有必要考虑对方是否在说谎了。

## 一、说话拐弯抹角

说谎者说话往往会拐弯抹角，常常离题万里，而且会给予冗长的解释。但是当被正式提问的时候，他们反而可能会提供简短的回答。

## 二、泛泛而谈

说谎者对某件事的解释往往是粗枝大叶的，他们很少注意到细节。他们几乎很少提到具体的时间、地点和人们的感受。即使提供了细节，他们也几乎不能对这些细节进行详细的说明。

## 三、字斟句酌

一般来说，说谎者很少会提到自己。与讲真话的人相比，他们说出诸如"我""我的"之类词语的频率要低得多，而是常常在话语中夹杂着"总是""从不""没人""人人"等泛指性的词语。借此，他们可以使自己在精神上远离谎言。

## 四、习惯时态

说谎者往往不会意识到，他们说话时有一种倾向，那就是总是会拉大他们与自己所描述的事件之间的距离。正如我们看到的那样，他们除了表现出上面所说的"字斟句酌"的说话特征之外，还有一种特征就是无意中常常使用过去时，而不是使用现在时。

**五、免责声明**

说谎者可能会使用诸如"你肯定不会相信……""我知道这听起来很不可思议""我向你保证"等类似于免责声明的话语。其实，这些话语是专门用来认可别人的疑心的，其目的在于减轻对方的疑心。

除此之外，说谎者在语速、音高和停顿等方面也会表现出明显的特征。

说谎是一种对智力的考验，因为说谎者除了评估自己谎言的可信度之外，还要将真相和谎言分开，所以他们不得不把说话的速度放慢。当然，如果谎言事先被小心翼翼地排演过，那么说谎时的语速和讲真话时的语速就可能并没有什么区别。人在说谎时，还伴随着音高的变化。当人变得情绪化的时候，声音就会提高，而且这种声音的变化很难被掩饰和隐藏。

说谎者在说谎时还有一个显著的特征，那就是说话过程中有很多停顿，在某些停顿中还使用"嗯嗯""啊啊"等语言。编织谎言也会让人们在说谎时出现更多语误、口误和"开口错"（"开口错"就是人们刚说出一句话，马上就用另一句话取而代之）。

知识拓展

## 教你识别对方的口语名片

人类用来表达思想的语言通常担负着两种责任:一种是表达自己的想法,另一种则是揭示我们对世界以及自己在世界中所处位置的认识。其中,有的口语特征就和名片一样,能够可靠地传达出背景和信念的基本信息。使用这些口语名片,可以帮助我们轻松获取重要信息。

喜欢说俚语:俚语的含义比较广泛,可以指俗语,也可以指最新潮的流行热词。俗语深受传统文化和社会经济背景的影响,可以帮我们了解使用者的成长环境是乡村还是城市。

带有主题词:人们常常喜欢在话语中夹杂一些主题词,以表达自己的感受和想法。比如,很多律师和一些非律师人士总是习惯性地使用代表战斗或者具有进攻意味的主题词,如"战胜""战役""侵略者""对峙""机动""战略"等词语,这往往代表他们的性格中有充满干劲和竞争性的一面,一般表现为好斗的个性特征。

经常说脏话:要想评估说脏话行为的严重程度,首先应考虑对方说脏话的频繁程度和环境。如果一个人经常满口脏话,尤其在不适合的场所仍然如此,那么,说明他不善社交,对别人的反应无感或者性情容易激动。

话题重复：有的人会隔一会儿就拿出某个话题重讲一遍，原因无非有两个。一是谈话出现冷场，他不愿意忍受尴尬的沉默，试图通过老话题来填补空白。二是他有心事想让我们知道。因此，当一个人纠结于某事不放的时候，我们就要帮他找找原因，否则他还会继续重复下去。

流言蜚语：在生活中，有的人总是喜欢制造和传播流言蜚语，找到他们这样做的动机的最好办法就是分析目标和情境。如果目标是一个在社交或者工作方面的竞争对手，那么他最有可能的动机就是妒忌和怨恨；如果讨论的是双方都认识的人，那么制造和传播流言蜚语的目的通常是查探你对那个人的看法，或者影响你让你不喜欢那个人。偶尔传播流言的人可能完全是出于打听情况的目的，因为流言往往衍生流言。还有一种可能的情况是，某人在得知一两条奇闻逸事之后，自认为了不起，于是将其传播，以博取关注。

## ☆心理测试：你的语言杀伤力指数是多少

在现实生活中，语言非常具有魅力。它既可以在关键时刻让人迷途知返，也可以像"键盘侠"一样杀人于无形。今天我们就一起来测试一下你的语言杀伤力有多大。

### 测试题目

1. 你觉得下面哪类人比较麻烦？

　　孱弱得为一粒沙流泪的人——2

　　整天处于迷糊状态的马大哈——3

2. 你最想感谢以下哪类人？

　　伤害过你的人——5

　　帮助过你的人——6

3. 下面哪种水果比较像你的个性？

　　石榴——4

　　柠檬——6

4. 当你吃到一种紫色馅饼时，你认为是什么馅？

　　蓝莓——8

葡萄——5

5. 有一个熟睡的婴儿突然睁眼，接下来他想干什么？

大哭大闹——7

闭上眼继续睡觉——6

6. 黑夜中有一点亮光，你觉得是？

篝火——7

电灯——8

7. 提到"天空"，你会想到？

翅膀——11

白云——10

8. 什么颜色的鸡尾酒是最有魅力的？

海蓝色——7

琥珀色——10

9. 你觉得什么时候最适合一个人看书？

清晨——11

深夜——12

10. 如果上学出门太早，你该怎么办？

边看风景边慢慢地走向目的地——12

折回家中打发时间——13

11. 你认为什么颜色更能象征财富？

中国红——13

麦穗黄——14

12. 当你看到一种没尝过的水果时，你觉得它会是什么味?

酸味——C

甜味——14

13. 如果让你拿番茄来做菜，你会做什么呢?

番茄炒蛋——A

意大利面——D

14. 你觉得一个成功的画家最不能缺少什么?

想象力——E

高超的画技——B

结果分析

| 结果 | 个性分析 | 杀伤力 |
|------|----------|--------|
| A | 你是一个充满活力的人，有着率真的性格，因此，很多时候你说话前都没有经过大脑思考，常常在无意间说一些非常伤人的话。虽然说者无意，但是听者有心。听到你说的话，别人常常会感觉非常难过。即便你是无意的，但还是伤到了别人，因此，在别人眼中你说话还是比较有杀伤力的。 | ★★★ |

续表

| 结果 | 个性分析 | 杀伤力 |
|------|---------|--------|
| B | 　　深谙人情世故的你，很多事情都会经过再三思考才说出口。但是，常在河边走，哪能不湿鞋？就算你已经很谨慎了，但还是会有口不择言的时候。虽然次数比较少，但是也会给别人带来心灵的伤害，只不过大家会觉得你是无心的，所以很少有人会把它放在心上。 | ★★ |
| C | 　　大家很少把你和毒舌联系起来，但是当你被触到内心的痛处时，就会翻别人的旧账，怒气冲冲地进行冷嘲热讽。 | ★★★★ |
| D | 　　你文静的外表下隐藏着一颗恶毒的内心。一旦被激怒，你就会变得伶牙俐齿，很冷静地说出恶毒的狠话，不仅能一针见血地直戳对方的痛处，还能面不改色地当作什么事都没发生过。 | ★★★★★ |
| E | 　　你是一个能够掌控自己情绪的人，不管做什么事情都不会过火。就算别人冒犯了你，你也很少恶语相向。但是，你重视家庭，无法容忍别人说你家人的坏话；如若有人这样做了，你会脸色一沉，用最恶毒的话语反驳对方。 | ★ |

# 第五章

## 捕捉下意识动作的信号，在心理博弈中占上风

---

　　一个人在语言上会撒谎，在表情上可以戴上假面具，但是他的身体不会说谎。观察一个人的下意识动作，可以了解他此时的情绪变化和内心真实的想法，这有助于我们在与他的心理博弈中处于主动地位。

### 福尔摩斯演绎法：行为细节的推理读心术

| 读人关键词 | 动作　观察　思考 |
| --- | --- |

　　美国一位管理专家受聘于某个企业大老板，在和对方一同用餐几次后，他发现那个老板在盛饭的时候，不是盛多了吃不完，就是盛少了不够吃。他想：一个连吃东西的量都把握不准的人，怎么值得自己为他效力呢？于是便辞职离去。果不其然，那个企业后来因决策失误而倒闭。

　　小动作常常是琐碎的，往往不易引起人们的注意。其实，人的行为举止中任何一个被遗漏的小细节，都有可能体现其内心活动和性格特征。这位管理专家正是通过对"老板盛饭"这一行为的细节观察，了解了老板性格中的短板，决定不再为其效力，最终使自己免于受牵连。

　　其实，柯南·道尔在其小说中所塑造的神探福尔摩斯就是一位著名的读心术专家。他将细节推理称为"演绎法"。概括地说，就是通过对案件现场不断进行演绎和推理，从而得出最终答案。

在《福尔摩斯探案集》中，有这样一个片段：

在实验室第一次见到华生的时候，福尔摩斯热情地握住了华生的手。由于用力太大，华生感觉有些吃痛，他没想到，对面的这个人力气这么大；但是更令他惊讶的是，他还没开口介绍自己，福尔摩斯已经说出了他去过阿富汗，并当过军医的事。

"他究竟是怎么知道我以前的事的呢？我从来没向任何人说起过啊！"对于这一点，华生百思不得其解。

对此，福尔摩斯做了解释。原来，他是这样进行推理的："这位先生看起来有军人的气概，但是同时还有一些医务工作者的翩翩风度，那么很明显，他就是一位军医无疑了；他的面色黝黑，但是包裹在衣袖里的手腕处的皮肤却很白，所以，他一定是从热带地区回来不久；他面容憔悴，左臂曾受过伤，动作非常僵硬，不灵活，这清楚地说明他曾历尽艰苦，如今大病初愈。试问，一位英国的军医，在热带地区历尽千辛万苦，臂部负伤，那他还能在什么地方呢？自然是阿富汗了。"

就是通过对华生的外表、气质、动作等方面进行观察，福尔摩斯在初次见面时，就准确判断出了他的职业和经历，这种读人功力着实令人佩服。

概括来说，要想准确读人，仅需三步：第一步是观察，第二步是推理，第三步是决断。

其实，对人的肢体语言的解读还是有规律可循的。人们的一举手一投足，都代表着其内心真实想法的变换，也透露了其性格特征。比如，动作开阔比较大的人，内心充满热情，容易冲动，行动力很强；经常摸鼻子、眨眼睛、动作畏缩的人，平时善于说谎，心中也充满了不自信的感觉；那些总是不自觉抖脚、咬紧下唇、握拳的人，会经常性地紧张，不能令自己保持完全放松的状态。

不过，需要注意的是，不管是进行观察还是进行思考，切不可让主观思维占据了大脑，因为过于主观和感性的认识，会使人的推理和观察双双"失真"。所以，客观冷静，才是行为细节读心术的要点。

### 知识拓展

## 从下意识伸手的反应看性格

当突然有人叫你伸手时，你会下意识地做出以下哪个动作？

A. 伸手时手背向上，五指张开

B. 伸手时手背向上，五指并拢

C. 伸手时掌心向上，五指张开

D. 伸手时掌心向上，五指并拢

选择A

喜欢简单，不喜欢麻烦和累的感觉。

健忘不记仇。只要没碰到他的底线，一切都是过眼云烟。

有斗志，爱拼搏，刻苦努力。

别人对他好，他定加倍奉还的代表。

天生的统筹规划专家，计划性强。

固执。明知是错的也要往前走，撞了南墙就把墙拆了继续走。

讨厌做决定。就算是颜色不同，也会让他们苦恼半天。

爱笑，一点小事就笑逐颜开，什么都写在脸上。

爱憎分明，不给自己不喜欢的人丝毫机会，对自己喜欢的人超级纵容。

选择B

替他人着想，常试图改变自己迎合对方。

外表亲切热情，内心追求安逸的环境。

胆小害怕失败，却总表现出强悍的一面。

直觉敏锐。不要在他面前要花招。

珍惜友谊，成为他的死党要很久，经历很多事。

很忍耐，什么事都放在心里自己承受。

不爱争抢，认为属于自己的是不需争抢的。

害怕孤独。人前总是嘻嘻哈哈。

选择C

喜欢装坚强，装冷酷，让人捉摸不透。

隐藏悲伤，却希望别人安慰他，给他安全感。

希望有人懂他、爱他，能给他他所想要的。

浪漫体贴。细心关爱自己爱的人。

害怕被忽略，对人关心也不表露出来。

内心藏着无数秘密，只和最亲密的人分享。

慢热。在陌生人面前十分文静。遇见开心的事会说个不停，不开心会躲起来哭。

选择D

吃软不吃硬，经常口是心非。

乐观又悲观。安全感不足，有点感性。

朋友求助常有求必应，所以易被骗。

害怕受伤。对陌生人冷冷的，熟悉后就嘻嘻哈哈。

冷静。即使内心起伏再大，也十分理智冷静。

故作坚强，其实很软弱，被人误解却不愿解释。

多愁善感，总为小事纠结。

喜欢钱但不在乎，讨厌干没有意义的事。

怕被冷落和别人不在乎。

## 如何解读肢体动作和情绪的关系

| 读人关键词 | 情绪　肢体动作　行为组合 |

通常来说，一种情绪会通过一系列肢体语言表现出来，而且这些肢体语言会同时出现。所以，要想从一些次要的信息中分离出重要的信息，最好的办法就是学习各种不同的情绪是如何表现在一系列肢体动作上的，而不是死记硬背某个单一的动作可能代表哪些含义。举例来说，目光闪躲这一动作代表多重含义，可能是说谎，也可能是愤怒、紧张、防御、尴尬、害怕、傲慢、无聊或者其他一些情感。我们无法判断它具体代表哪个含义，除非看到其他线索指向同一个结论。

因此，简单地罗列某个特征或者行为可能反映了哪些情绪，对读人并没有什么太大的帮助。

下面我们描述一些常见精神状态所对应的经典行为组合。

### 一、专注或沉思时

二者共同的普遍特征是缺少动作。罗丹的沉思者雕像是陷入沉思之人的经典代表。静止，安定或者沉稳的目光，手托下巴，就是专注或沉思的某些标志。

除此之外，代表专注或沉思的其他肢体动作还包括：保持强烈的目光对视；呆呆地盯着某个物件；基本不动；歪着头或者仰着头；咬嘴唇或者咬铅笔；皱眉；抱起双臂，目视虚空；斜靠在椅背上；眼睛往上看；挠头皮；双手抱头；下巴搁在双手或者手指上。

有时，沉思者会陷入一种重复而单调的动作中。不过，他们的动作通常是无意识的，而且会重复很久。

二、无聊时

无聊的人对眼前的一切都不上心，只想换个地方，做点儿别的事情。他越是对身边的一切不关心，越是恨自己不能起身离去，于是他通常会想办法去做点什么来分神。

无聊的迹象通常包括：眼神游移；凝视远方；不停地看表或者其他物件；重重地叹息；哈欠连天；不停地抱紧双臂、交叉双腿，然后分开；敲手指，搓大拇指；用脚掌拍地面；玩弄笔、眼镜、纸张之类的小东西；乱写乱画；侧身斜对着另一个人；重心换来换去；在椅子里来来回回地往前探身又往后靠；头转来转去；翻眼珠；伸懒腰；双手托腮，打量房间；抠指甲或者捏衣服；尝试做别的事情。

三、愤怒或者充满敌意时

当人们在愤怒时，通常会出现这样的肢体动作：脸色通红，交叉双臂、双腿或者脚踝，双手叉腰，短而急地呼吸，不断重复特定的言辞，用手指指点点，语速飞快，动作飞快，身体紧绷，咬紧牙关，紧闭双唇，面无表情或者怒容满面，姿势僵硬别扭，颤抖，捏紧拳头，沮丧，手臂动作几乎无法控制，虚假或讽刺地笑。

不过，要判断一个人是否处于愤怒情绪当中，还要根据具体情况进行具体分析，不能仅凭某个单一的标志就断定某人正在生气。

比如，某人脸色通红，可能是刚刚进行了运动，或者是生病、尴尬、晒伤、失败的妆容等所致。如果单凭这个迹象就断定此人正在生气，那么很可能会出错。

### 四、悲伤或难过时

我们在日常生活中，最常见的是，正处于伤心或者难过中的人，常常会失去正能量，并表现在外表和肢体语言上。典型的悲伤或者难过的迹象包括：流泪，精神萎靡，无法完成日常事务，孤立离群，表情漠然，目光低垂，感觉沮丧和迷惑，面部肌肉松垮，身躯瘫软，凝定不动或者动作缓慢迟钝。

### 五、犹豫不决时

如果一个人在两个选项之间左右为难，那么他通常会通过肢体语言表现出来。通常来说，表现一个人处于犹豫不决状态的肢体动作包括：在椅子里前后摆动；在两个固定物体之间看来看去；脑袋左右摆动；手掌时张时合，或者两手交替移动；张开嘴，但是一句话没说就合上。

### 六、紧张时

和无聊一样，处于紧张中的人为了舒缓这种不适，需要通过肢体动作来分神。常见的紧张迹象包括：目光来回闪动；身体紧绷；

身体紧缩（通常表现为蜷缩）；重心来回摆动；在椅子里摇晃；抱起双臂、交叉双腿，然后又分开；敲手指，拍手，脚掌拍地面；调整或者玩弄笔、杯子、眼镜、首饰、衣服、指甲、头发等；咬手指；清喉咙；紧张地咳嗽；紧张地微笑（通常表现为露出微笑，然后恢复平常表情，并多次重复这两个动作）；咬嘴唇；垂下视线；紧张地喋喋不休；咬指甲；双手插进口袋；上半身转来转去；沉默不语。在极端情况下，还会出现冒汗、颤抖或者发抖的情况。

虽然紧张的迹象如此繁多，但是我们不能依赖孤立的迹象来进行断定。一部分紧张的人会流露出一个以上的迹象。

### 知识拓展

### 信手涂鸦代表了什么

对于人们的信手涂鸦，心理学家弗朗索瓦·絮尔热给出了如下解释："这是一种发泄的方式，涂鸦能把我们从压力和各种情绪中解放出来。"为此，他还列举了50种常见的信手涂鸦图案，这些图案虽然只是一些箭头、方格等常规的形状，却都能表达一些象征意义，以此来传达情绪。

下面我们来介绍几种常见的涂鸦类型，并分析每种类型所代表的独特的内在含义。

螺旋线、波纹线、圆圈：画出这类图案的人大多比较忧郁和孤独，做事之前会有一定的规划和设计，喜欢按照事先的安排行事，他们通常具有很强的创造力和丰富的想象力。不过，这类人也容易沉浸在自己的某种幻想中，有一些不切实际。

太阳及花草树木等田园风光：涂鸦时画出这类图形的人个性大都温和而敏感，想象力丰富。他们对形状和颜色比其他人具有更突出的鉴赏力，所以往往在文学、艺术等方面有着相当的才华和成就。此外，这类人还有淡泊名利、与世无争的一面，经常向往宁静平和的生活。

不停地写自己的名字或者练习各种新鲜字体：这类人大多都有很强的表现欲望，所以常常做出一些令人无法接受的事情。他们常常感觉茫然无助，不知道该做些什么。他们不断重复写自己的名字，其实在潜意识中是对自我的一种肯定，目的在于克服目前困扰自己的某种情绪。

简单的人物简笔画：画这种图形，表明此人目前比较无助或者在逃避某种责任。一般来说，人们在该拒绝又说不出口的情况下会画出这种图形。画这种图形是在警告自己："可不能认输啊！该拒绝时还是要拒绝，否则你会后悔一辈子！"

## 刺猬法则：身体距离折射出双方的心理距离

| 读人关键词 | 距离反应　人际关系 |

我们先思考两个问题：

在社交场合，一位与你相谈甚欢的人是否在真诚地接纳你？当一群人在一起交谈时，怎么能快速分辨出任意两个人之间关系的亲疏？

其实，要回答这两个问题并不难，只要观察两个人之间的距离，就能看清他们之间关系的远近。

艾利是一家保健品公司的推销员。有一天，她在小区里遇到了同楼住的冯大妈。由于大家每天低头不见抬头见，艾利就开始热情地向冯大妈介绍自己售卖的保健品。

在整个讲解过程中，艾利不断地拉冯大妈的胳膊，搭着她的肩膀，与她贴耳说话，想用自己的热情打动冯大妈，好做成这笔交易。可是，效果却适得其反，冯大妈对这样的热情明显吃不消。冯大妈双眉紧皱，艾利向她靠近一步，她就向后退一步，自始至终和艾利保持着一定的距离。最后，冯大妈还是婉拒了艾利推销的保健品。

从这个案例中我们可以看出，冯大妈通过自己的肢体动作多次暗示艾利，自己并不信任她，不想买她的产品，但是艾利却没有读懂这层意思。

其实，艾利可以通过一个简单的技巧来判断谈话对象是否信任自己，那就是在双方站定后，轻轻上前一步，以示想要拉近两个人之间的距离。如果此时对方却后退一步，就表明她明显对艾利有戒备心，那么艾利就不应该再向前靠近她；如果不识相地再进一步，就会导致她愈发不信任艾利。

人与人之间相处是需要保持一定距离的，要想让别人信任你，首先要与对方保持一个"让他舒适的距离"。在这一点上，人与动物是极其相似的。

在心理学上，有一个刺猬法则，该法则来自一个十分有趣的现象：

在一个寒冷的冬季，有两只困倦的刺猬为了取暖而拥抱在了一起，但是由于它们各自身上都长满了刺，这样紧挨在一起，很容易刺痛对方，所以它们反倒睡不安宁。于是，两只刺猬就分开了一段距离，但是实在冷得难以忍受，所以它们就又抱在了一起。就这样，折腾了好几次，它们终于找到了一个比较适当的距离，这样的距离既能满足相互之间取暖的需要，又不至于被对方刺痛。

这就是刺猬法则，也被称为人际关系中的"心理距离效应"。

在现实生活中，我们也能发现类似的现象。以乘坐公交车为例，如果上车后你发现只有最后一排还有几个座位，而你前面的一名乘客坐在了中间，两边还有四个座位，这时，你会选择坐在哪个座位呢？在多数情况下，你会选择坐在两边靠窗户的座位上，而不会紧挨着那名乘客坐下。

其实，这只是距离反应中的一种，被称为"推远的距离反应"。这是因为，当事人与某人距离过近的话，会感觉不自在，从而做出远离对方的潜意识反应。

除此之外，距离反应还包括与上述反应相反的反应——拉近的距离反应。这种反应是一种希望获得更进一步的关系的潜意识试探。这种反应在有亲密关系的两个人之间容易发生。

总之，人与人之间潜意识中保持的距离，几乎反映了人际关系中的一切，所以人际关系就是人际距离，掌握了人际距离就掌握了人际密码。如果我们能细心观察一个人想要与我们保持怎样的距离，就能把握他想和我们建立什么样的关系。

**知识拓展**

## 人际交往中的四种距离

美国人类学家爱德华·霍尔博士将人类的这种人际距离关系划

分为四种类型。

第一种是亲密距离。这是人与人之间交往时的最小间隔，也就是我们常说的"亲密无间"，其范围在15厘米以内，彼此之间可能肌肤接触、耳鬓厮磨，以至于能感受到对方的体温、气味和气息；较远一些的距离是15~44厘米，肢体接触主要表现为挽臂执手、促膝谈心等，这仍然体现了一种亲密友好的关系。

第二种是个人距离。这种距离是人际间隔中稍有分寸感的距离，很少让人有直接的身体接触。个人距离的范围通常为46~76厘米，在这个距离范围内，人们之间正好可以相互亲切握手，友好交谈。这是熟悉的人交往的空间距离。较远一些的距离范围是76~122厘米，任何朋友和熟悉的人都可以自由进入这个距离。

第三种是社交距离。在正式社交场合，人与人之间的距离范围为1.2~2.1米，人们在工作环境和社交聚会上经常保持这个距离。

第四种是公众距离。这通常是演说家在演说时与听众保持的距离，一般近距离范围为3.7~7.6米，有时甚至在7.6米以外。如果演讲者试图与某个或者某些听众互动，他就必须走下讲台，将公众距离缩短为个人距离或者社交距离。

## 辨识假动作，看透他人内心的小秘密

| 读人关键词 | 眼神　反应　假动作 |
| --- | --- |

詹尼弗是加拿大帝国商业银行人事处的一位高效的管理者，几乎常年负责该银行的人事任免和招聘面试工作。为了帮助银行招聘到更出色、更优秀的人才，在面试时他常常对每一位求职者的表情和肢体动作进行仔细观察。

经验告诉他，很多求职者为了赢得面试官的好感，以获得理想的职位，都会撒谎。比如，他们常常会告诉面试官自己曾经有什么特殊经历，曾做过什么，并取得了成功，获得了认可。但是面试官是不可能在这么短的时间内对这些内容进行审核与查证的。

那么，如何才能辨识求职者的话是真是假呢？詹尼弗的办法就是通过提出一些问题，仔细观察求职者的反应来做出判断。按照他的说法："我主要观察他们的眼神和手脚的动作。大部分人不是习惯性的说谎者。当他们说谎时，他们的目光会不自觉地离开我，或者他们会不自觉地用手摸耳朵、脖子、鼻子、脸部等，以转移自己的犯罪感。"

　　通过对求职者的眼神和形体动作进行观察，詹尼弗可以快速做出判断，并评估对方的心态。尽管这并不能完全成为招聘的参考依据，而且很多人认为这种判断方式可能会出现差错，但是它的确为银行选拔人才提供了很大的帮助。

　　由此可见，并不是所有的肢体动作都能真实地展现一个人的内心动态和性情为人。为了实现某种目的，人们往往会做出一些假动作，放出假动作烟幕弹，迷惑对方。

　　假动作常见于说谎者，他们的话常常令对方信以为真。但是仔细观察的话，我们总能从他们的一些动作或者手势中发现一些蛛丝马迹。

　　常见的假动作有以下几种。

**动作一：掩嘴巴**

　　掩嘴巴是说谎者常有的一种动作，可能会出现两种形式：一种是用指尖轻轻地触碰一下嘴唇；另一种是将手握成拳状，将嘴巴遮住。这些都是非常孩子气的动作，说谎者在大脑潜意识中是不愿意说谎的，所以才出现了掩嘴巴的动作。也有人通过假装咳嗽来掩饰捂嘴的动作，以分散他人的注意力。

**动作二：摸鼻子**

　　当一个人说谎的时候，他的内心会充满愧疚感，当这种愧疚感进入大脑后，大脑就会下意识地指示手掌去捂嘴，但是最后，为了防止自己的谎言被看穿，他就只是很快地在鼻子上摸一下，就马上把手放下来了。不过，如果某人并没有说谎，他触摸鼻子的动作则是用手在鼻子上摩擦一会儿，或者搔抓一下。

**动作三：擦眼睛**

有的人在说谎时，会通过擦眼睛来避免和对方有目光接触。通常来说，男人擦眼睛表现得比较用力，但是在撒一个大谎时，他会转移视线，如垂下眼睛看地板；女人擦眼睛时大多数都是在眼睛下方轻轻地揉，有时为了避开对方的视线，她们会选择向上看天花板。

**动作四：挠脖子**

心理学家研究发现，说谎的人在说话过程中可能会用食指（通常是用来写字的那只手的食指）去抓挠脖子侧面或者耳垂下方部位，而且这种手势要重复5次左右。

**动作五：搓耳朵**

这种动作有多种形式，比如拉耳朵，它其实是人们在童年时双手掩耳的动作在长大成人后的一种重现。此外，类似的动作还包括用手拉耳垂或者整个耳朵朝前弯曲在耳孔上。

**动作六：拉衣领**

当说谎者意识到对方有所怀疑时，常常会脖子冒汗，这时他就会下意识地去拉一下衣领。

**知识拓展**

**让对方停止抓挠脖子这一假动作的话术**

当我们在和某人沟通时，通过对方抓挠脖子的假动作，判断出他存在一定程度的"口是心非"，我们该如何改变对方的想法，将谈话顺利地进行下去呢？

事实上，这个小动作的最大作用就是让我们不需要惧怕任何相反意见，在观察到对方怀疑的目光，发觉对方"口是心非"的态度时，我们唯一能做的便是积极应对。这时，我们可以扭转说话方式，让对方将怀疑和否定的态度转变为重新思考，进而演变成肯定的态度。

比如，在向领导提意见时，最好能同时给出建设性的建议，只有这样，你的意见才能更容易被领导接受；想要反驳和说服对方时，要多用一些事实性的论据，包括确切的数字或者引用权威报道等。

## 捕捉异性间示爱时的身体信号

| 读人关键词 | 示爱信号　肢体动作　本能 |
| --- | --- |

　　有研究结果显示，一个人向外界传递的一个完整的信息中，有55%的内容是由其肢体语言完成的。男女示爱更是要依靠肢体才能完成。一方面，它是人类的一种本能；另一方面，由于害羞或者不确定的因素，肢体语言也能帮助避免很多尴尬。所以，异性之间在示爱时，会借助一些肢体语言信号给予对方暗示，并等待对方做出心照不宣的回应。

　　在生活中，很多人都会有这样的体验：当我们走在大街上，迎面走来一位美女或者帅哥时，我们就会本能地挺胸收腹，并使自己看起来容光焕发，甚至那些平时挺着"啤酒肚"的人也会不由自主地收腹抬头，好让自己显得挺拔威武一些，而且他们的步伐也会变得轻快起来。其实，他们做这一切的目的就是想要将自己最好的一面展示给异性，希望凭借自身的魅力来博取异性的青睐。

　　事实上，使用肢体语言是异性间示爱的最基本的交流方式，因为几乎所有的想法和情绪都能够通过肢体语言来进行表达。在这方面，女性往往掌握着决定权。一般情况下，女性首先示爱的概率高达90%。她们在发现心仪的男性之后，就会通过眼睛、面部表情或者肢体动作来不断向对方释放一些旁人不易察觉的示爱信号，直到对方注意到她以及她发出的信号，并给出某种回应。

不过，这种示爱过程也会遵循一定的步骤。举例来说，当某位女性发现了一位极富魅力的男性时，她首先会静静地注视对方，直到对方发现她，双方进行眼神交流，这是示爱的第一步；第二步是，女性的脸上会浮现出一种稍纵即逝的微笑，这代表了一种默许，借此暗示对方采取下一步行动；第三步是整理仪容，以展示自己的魅力，吸引异性的注意；第四步则是进行语言交流，她会走近对方，试图以闲聊的方式拉近双方之间的距离；最后一步就是进行肢体接触，如看准时机无意间触碰一下对方的手臂。

这五个步骤虽然看起来无关紧要，但是对确立一段新关系却有着至关重要的影响。

一般来说，女性示爱时的肢体动作和信号有以下几种：

仰面、抚弄头发。这是女性在发现心仪对象时最先使用的两种示爱信号。

嘴唇温润、噘嘴和嘴唇略微张开。

展示自己柔软的手腕。女性常常借助这个动作展示自己柔软的心意，希望得到异性的关注。而在大多数男性眼中，拥有柔软手腕的女子显得娇柔动人。

不时展示手腕内侧平滑柔软的肌肤。在感兴趣的男子面前，女性可能做出这个小动作，而且随着她对该男子兴趣的不断增加，她闪动手腕的次数也会逐渐增多。

扬肩而且目光斜视。通过扬肩这个动作，突出女性特有的珠圆玉润的身姿。

摆动臀部。这个动作于无形中突出了男女之间的性别差异。

扭动胯部。

就座后，将一条腿弯曲后压在另一条腿上。往往这时候，女性弯曲的那条腿的膝盖指向的人就是她最感兴趣的人。

两条腿并拢。这是最能让男性心动的女性坐姿，女性常常会有意识地通过这种坐姿来让异性注意到自己的双腿。

将自己的手提包放在靠近异性的地方。女性做出这个动作的目的是让异性注意到手提包的存在，或者希望异性能触碰到它。这代表她对这位异性非常感兴趣，愿意接受对方。

男性同样有示爱动作，不过与女性通过示爱动作展示自己的魅力相比，男性的示爱动作和姿势本质上是为了展示自己的权力、财富和身份。男性在面对女性时，一个最直接凸显其与女性的差异，并极具侵略性的动作就是用拇指勒紧皮带。而且，他们还会慢慢靠近心仪的女性，他们的脚尖通常指向该女性，然后用一种充满暧昧的眼神凝视着对方，以此吸引对方的注意力。

通常来说，大多数男女最初都是在肢体语言的推动下才向异性示爱的，所以我们每个人都可以通过修饰自己的外形和提升自己的内涵来增强自身对异性的吸引力，以赢得更多与心仪对象接触的机会。男女之间示爱的信号很多，但是很多人由于羞涩和缺乏足够的勇气而不敢直接表白。如果能够捕捉到对方的肢体语言信号，同时也中意对方的话，那么就可以给对方一个明确的回应。

### 知识拓展

## 恋人间的几种依恋类型

不同的人在爱情中会表现出不同的依恋关系，这可以从他们在恋爱时的表现中看出来。一般来说，人们在爱情中的表现源于四种常见的依恋模式。

安全型依恋。这种依恋关系在爱情中表现为能够从容应对情感生活，当双方的感情出现危机和裂缝时，他们会表现出包容的一面。在平时，他们会给对方足够的私人空间，不会要求对方总是围着自己转。概括来说，他们更加善于打造安全的情感关系和情感距离。

焦虑型依恋。这种类型与安全型依恋相对应。这类人在爱情生活中常常表现得没有安全感，一方面他们对感情充满憧憬和幻想，另一方面他们又常常为此患得患失。他们对爱情的把控能力较弱，总是害怕失去，所以常常会询问对方喜不喜欢自己，并想方设法进行试探。

逃避型依恋。这种依恋类型中的人在爱情生活中表现得很冷淡，虽然内心渴望获得爱情，获得关注，但是他们不知道如何表达情感，不知道如何去爱一个人。他们中的很多人会通过网络渠道来表达自己的感情。

混乱型依恋。这种依恋关系在爱情中表现出爱恨交织的特点。他们会因为恋人为他们付出而感觉很幸福，但是一旦对方背叛自己，或者无意间伤害了这份感情，他们就会做出一些比较偏激的行为。这类人在爱情生活中表现得比较极端，往往用情越深，怨念越深。

## ☆心理测试：你经常会跷哪只脚

每个人的坐姿都不同，有些人会盘腿坐，有些人会跷二郎腿坐……只要这个坐姿对自己来说最舒适，人们就会经常这样坐。从这些不同的坐姿中，其实，也能看出一个人的个性。

**测试题目**

你平时的坐姿是怎样的？从下面六种坐姿中选出你经常采用的一种。

A. 双脚并拢

B. 跷二郎腿（右腿在上）

C. 跷二郎腿（左腿在上）

D. 双脚张开

E. 膝盖互碰，脚底微张

F. 双脚交叉

选好了吗？以上这些坐姿你可能都采用过，但只要选自己最常采用的就可以了。

## 结果分析

选择A选项的人为人谨慎细心，有很强的自我约束力。

选择B选项的人个性有点儿内向，比较喜欢有人给自己意见，在感情中总是喜欢被对方掌控。

选择C选项的人个性开朗，做事态度积极，不拖泥带水。

选择D选项的人为人大方又乐观，通常不会被一件事情困扰太久。

选择E选项的人对自我有极高的要求，会时时刻刻改进不足之处，提升自己的能力。

选择F选项的人童心未泯。

# 第六章

## 生活细节彰显风格，投其所好缩小心理距离

生活细节显示了一个人的嗜好和习惯，而一个人的嗜好和习惯又与性格息息相关，所以我们可以从生活细节中看出一个人的真实个性和人品。见微知著，留意一个人的生活细节，我们就不会错过进一步了解对方的机会。

## 习惯：准确评估一个人的"窗口"

| 读人关键词 | 习惯　潜意识　性格　情绪 |
| --- | --- |

　　世界著名心理学家威廉·詹姆斯曾说过一句让人耳熟能详的名言："播下一个行动，收获一种习惯；播下一种习惯，收获一种性格；播下一种性格，收获一种命运。"可见，习惯与性格之间有着千丝万缕的联系。

　　习惯对人的生活和性格的形成都会产生很大的影响。杜克大学的研究人员于2006年出具的研究报告表明，一个人每天的所有行为中，有40%并不是真正经过深思熟虑的，而是出于习惯。

　　由此，我们可以得出结论：人们的很多决定是由习惯促成的。而习惯的形成可能恰恰是潜意识的一种表现。心理学家认为，人的每一种习惯都是经过重复表现而巩固下来的思维模式和行为方式。也就是说，它是由不断重复的思想和行为形成的，具有很强的惯性。不管形成的是好习惯还是坏习惯，它们都会伴随着人们的成长过程，对人们的日常生活和工作产生或大或小的影响。

比如，有的人经常说脏话，喜欢贬损别人，结果总是因此而得罪别人。事后他们也常常后悔莫及，觉得自己不该因一时感情用事而说那些话。不过，从心理学角度分析，如果一个人经常说脏话，那么表明他在潜意识里是认同这种表达方式的，他渴望通过这种表达方式来达到满足自身欲望的目的。

可以说，人们在日常生活中所形成的生活习惯、学习习惯和工作习惯，大多是其潜意识中形成的能够表达自己的所思所想以及性格特征的行为。

正是基于以上原因，一些经验丰富的识人高手或者心理学大师常常会通过一个人的习惯来看透他人隐藏的性格特征。比如，以下习惯都能折射出一个人的性格和心理状态方面的特征。

有的人在倒车时喜欢直接伸头向后看，而不是通过后视镜来观察情况。这样的人往往比较谨慎，而且通常只相信自己的判断力，相信亲眼所见以及自己能亲手触摸到的东西。

在就餐时，有的人在人没到齐时就开始夹菜，这样的习惯反映了这个人无组织无纪律的特性，还在一定程度上表明了此人平时不守规矩，缺乏团队意识，以自我为中心。

有的家长在吵架时喜欢摔东西，表面来看这是释放情绪的一种方式，但是从潜意识角度来分析，这是缺乏自制力的表现。

在生活中，一个人的各种习惯，如所使用的香水的类型、看电视的习惯、开车的方式、购物的倾向等，都可以折射出他的性格特征。

举例来说，一个人在工作中总是拖延时间，还会为这种拖延习惯寻找各种各样的借口，比如"今天忙了一天，太累了""我认为这件事放到明天再做也不迟""我的时间还够用，等等再说"等。其实，这些借口的背后是他的恐惧感和焦虑在作祟。他可能害怕面对工作中出现的问题，可能对自己要做的事情感到无助和无能为力，内心极为自卑，所以一直在试图逃避，还可能会通过娱乐、游戏等方式来暂时舒缓自己的这种恐惧和焦虑情绪。

因此可以说，任何一种习惯都可以显示出一个人的想法、态度、性格、潜意识中的欲望，所有的行为习惯都指向一个人内心的某处。我们一旦能够理解和掌握这种指向性，就可以更好地观察和评估每一个人的特点。

**知识拓展**

### 酗酒背后的心理机制

心理学家约瑟夫·墨菲曾对酗酒者做过调查，在调查过程中，他发现酗酒者们通常很难戒掉酗酒这个不良嗜好，尽管他们一再声称自己正在减少饮酒量，并且能轻而易举做到不喝酒；但是他们其实根本无法做到这些。

对此，墨菲认为，许多人之所以不能改掉酗酒的坏习惯，主要是因为他们不承认自己酗酒。他们的毛病就是源于一种不稳定的心态，一种内在的恐惧感。他们总是选择逃避生活，不愿意直面生活中的难题，通过酗酒来逃避自己的责任。他对酗酒者这样评价道："作为一个酗酒者，你实际上没有自由，尽管你认为你有自由，也许你还自夸你有意志力呢！如果你已经嗜酒成性，即使你说'我不再喝酒了'，你也根本无力实现你的诺言，因为你根本不知道把意志力用在哪里。你住在自己营造的'监狱'里，你受你自己的信仰、观点、教育、环境的影响和限制。像许多人一样，你是你自己的习惯的奴隶，你习惯于按你的思维方式做出反应。"

## 饮食见人心，从饭桌表现可准确推演人性

| 读人关键词 | 观察　吃相　饮食喜好 |
|---|---|

在生活中，许多人都避免不了参加各种各样的饭局。而在饭局中，只要仔细观察，你就会发现，每个人的表现方式都是不一样的。恰恰就是这些不同的表现方式，显示出了他们不同的思维模式和性格特征。可以说，饭局就像是一面镜子，能够反映出每一个人的人格和不同的人生。

那些擅长社交的人总是喜欢借助饭局来认识更多的人，扩展人脉，从而打造更加稳定、和谐的人际关系。他们会在饭局中注意观察，从他人的一言一行中识别人心，这反过来有助于他们更好地甄别社交对象，了解他人的性格和想法，从而为饭局上的沟通提供更好的帮助。

一般来说，在饭局上，精通读心术的高手善于从以下几个方面来识别人心，了解他人的性格和想法。

## 一、饭局的参与者和规模

饭局往往被认为是一个人的社会身份认同体系的反映，一个人认识某一层面的人，就会参加这一类型的饭局。比如，参加商界饭局的人都是国内外商界名人。这不仅显示了这些人的社会地位，而且间接证明了他们的社会价值、理想和人生格局。

## 二、饭局上的饮食喜好

从饭局上的饮食喜好，我们能看出一个人的生活态度和性格。比如，喜欢吃一些简单的家常菜的人，往往比较低调和朴素，他们比较看重聚餐时的氛围。相比之下，那些喜欢铺张浪费的人则比较好面子，喜欢摆阔绰，一进餐就少不了好酒好菜，他们希望别人通过这些来有意无意地了解他们的实力。

## 三、饭局上的吃相

一般来说，一个人的吃相能够体现出他最真实的性格和修养。那些吃相比较优雅的人往往自律，比较注意生活细节，注重个人形象以及自己对他人所产生的影响。而吃相不雅的人，则明显自我约束能力不足，他们往往缺乏对生活的精致把握，总是显得很自我，直接忽视他人的存在。

在饭局上，每个人的言行举止都可能会被他人所关注，甚至会在这个特殊的场合被放大，毕竟一些细节问题可能恰恰反映出此人的真实状况。也正因为如此，许多企业家非常看重他人的吃相，甚至将其作为录用与否的参考依据。

比如，某著名地产商曾经看中一名小伙子，想要将其任命为公司的财务人员。但是，在和此人共同进餐之后，他打消了这个想法。在那个饭局上，小伙子看到桌子上有一盒高档香烟，就擅自拆开，然后给在座的每一位发烟，但是大家都不抽烟，于是他就自顾自地抽了起来，而且一根接着一根。没多久，房间里就变得烟雾缭绕。而且，饭局结束后，小伙子没有征求任何人的意见，直接将那盒没有抽完的香烟装进了自己的口袋，然后离开了。这些行为说明他很可能是一个喜欢贪小便宜的人。很显然，让这样的人管理财务，无法让人放心。

人们常说，饭局就是一个小社会。饭局中的每一个人都是社会关系的一部分，他们在其中的一举一动都会对这种社会关系产生积极或消极的影响。因此，很多人都非常重视饭局的作用，会通过饭局来观察和了解一个人的内心和性格。

**知识拓展**

## 几种进食习惯与性格的对应关系

行为学家经过一系列的调查研究得出一个结论：一个人进餐时的仪态，极易显示其真正的性格。

1. 进食速度很快

有的人吃饭狼吞虎咽，犹如风卷残云，他们的个性多半比较豪爽，精力旺盛，行事果断，待人真诚，而且具有很强的进取心和竞争精神。

**2. 进食速度很慢**

有这种进食习惯的人总是喜欢细细品尝食物，他们做事往往周密、严谨，没有把握的事情不会去做，喜欢挑剔，有时对他人近乎冷酷。

**3. 饮食不节制**

有的人看到自己喜欢的食物就会大吃特吃，这类人多数性格直爽，有一定的号召力，喜怒总是溢于言表，从不掩饰自己的真实情绪。

**4. 喜欢独自进食**

这类人喜欢单独进餐，不喜欢与他人一起就餐。他们大部分性格怪僻，总是孤芳自赏，但是也有性格坚毅沉稳、责任心强和信守诺言的一面，所以在工作中的表现往往能令上司满意。

**5. 边进食边唠叨不停**

这种人因为急于和别人交谈而等不及将食物咽下。他们通常做事性子比较急，而且会表现得咄咄逼人。

**6. 专注进餐，一声不吭**

有这种进食习惯的人要么是美食家，一门心思放在品尝美食上；要么是一个害羞或者孤僻的人，他们习惯利用进餐时间来避开同他人的交谈应酬。

**7. 进餐前胡乱添加调味品**

有的人在食物刚上桌时，还没尝到味道，就开始往里面胡乱添加调味品。这样做不仅对厨师不尊重，还显示出此人性格中有爱冒险的成分。这类人做事往往比较草率，很容易给自己和别人招致无谓的麻烦。

## 购物习惯反映了一个人的生活态度

| 读人关键词 | 购物方式　消费习惯　生活态度 |
|---|---|

在日常生活中，每个人都免不了要购物。这看似再寻常不过的事情背后，却隐藏着人们对待生活的不同态度。

只要仔细观察，我们就会发现，不同的人有不同的购物方式。通过观察一个人的购物方式，我们完全可以看出他对生活的态度。

下面是几种常见的购物方式，我们来一一进行分析。

一、喜欢和家人一起购物

有这种购物习惯的人都比较重视家庭，家人在他们心中有着最重要的位置。他们所做的一切，都是围绕着家人而进行的，都是为了照顾家人。他们有着强烈的家庭责任感，在生活中会是合格的父亲、母亲和儿女。他们对待生活的态度是非常实在的，重视人与人之间的真情，在物质方面并没有太多的要求。

二、购物时直奔目标

这类人通常比较忙碌，工作日程安排得很紧。对他们来说，购物只不过是一件不得不做的事情，所以没有必要浪费太多时间。在生活中，他们属于传统保守的一类人，总是喜欢默默付出，不求回报，力争让周围的人对自己满意。

### 三、喜欢货比三家

有这种购物习惯的人往往比较实际，在生活中总是精打细算，喜欢斤斤计较，所以会给他人留下吝啬的印象。此外，他们做任何事都比较谨慎，通常会在认真仔细地考察之后，才会进行下一步的行动。而且，他们为人固执，虽然在遇事时会找别人商量，但是最终还是会坚持自己的观点。他们对待生活的态度是严肃而认真的，会遵守传统道德规范，对家庭富有责任感。

### 四、冲动型消费

那些喜欢冲动消费的人往往性格急躁，做事容易冲动，在生活中经常出现头脑发热、不考虑后果、没有经过深思熟虑就做决定的情况。他们对待生活持游戏的态度，不会考虑长远，对未来没有规划，而且不喜欢受到一些条条框框的约束，喜欢随心所欲，只要眼下活得开心就好。

### 五、容易被售货员说服而购买

这类人通常没有主见，容易受到外界的影响。形成这种性格的原因可能是他们在家中长期受到父母及家人的保护，也可能是他们生活在父母严厉的教育之下，什么事情都不能自己做主，久而久之，他们就变得相当依赖他人。他们对待生活的态度比较认真，既不允许自己犯错，也不允许他人犯错。

六、会仔细核对账单

有这种消费习惯的人做事有计划、有规律，但是缺乏创新精神，不懂得随机应变，当遇到突发事件时，往往会手足无措，不知道如何处理。他们对待生活的态度是渴望细水长流，他们不需要轰轰烈烈的生活，只要平平淡淡就感觉很幸福。而且，他们会通过自己的勤奋和努力来一点一点地经营好家庭。他们对待朋友不会意气用事，但是真诚而长久，通常会有几个关系很不错的"死党"。

**知识拓展**

### 不同的付款方式，不同的个性

通过一个人购物时的付款方式，我们可以观察出其心理和性格特征。

让别人付款：喜欢把付款任务推给别人的人常常不能坚持自己的原则和立场，习惯于被他人领导。他们通常没有很强的责任心，一遇到挫折就会胆怯、退缩，总是会找各种各样的借口和理由来为自己开脱。

喜欢亲自付款：这类人属于比较保守和传统的人，他们不容易接受新鲜事物，缺乏冒险精神，而且没有安全感，总是渴望得到别人的认同和肯定。只有亲身经历的事情，才会让他们感觉有保障。

收到账单立即付款：有这种付款习惯的人是做事当机立断，不拖泥带水的人，他们说到做到，拿得起放得下。他们平时为人真诚坦率，从来不喜欢欠别人的，别人欠自己的倒是不太在意。

付款能拖多久就拖多久：这种人有着强烈的爱占便宜的心理，比较自私，做事欠缺公平性，总是想着不付出或者少付出就能获得较多的收益。一般情况下，他们不太会去关心和帮助别人。虽然他们对待别人算不上太冷淡，但是也谈不上有多热情。

使用新型付款方式付款：这类人容易接受新鲜事物，知道怎么利用它们为自己服务，但是会对其产生很强的依赖性，以至于丧失自己的主动权，而容易受控于人。而且，他们还很容易相信他人。

## 座位选择，透露真实的心境和意图

| 读人关键词 | 座位选择　心理状态　个性特征 |
| --- | --- |

在餐厅里，你选择坐在哪个位置呢？在咖啡馆里，你喜欢坐在什么位置？在会议室里，你又喜欢坐在哪个位置呢？

从座位的选择上我们能看出一些端倪，如一个人的心理动态、个性特征，以及与他人之间的关系等。事实上，从座位选择来看人一直是心理学家比较关注的一种识人方式，尤其是在会议室、餐厅、咖啡厅等公共场合，更能通过不同的落座位置来判断一个人的心理特征和个性。

一、喜欢靠窗坐

一些人喜欢坐在靠窗的位置，总是避开出入口以及洗手间附近，只要有机会，他们就会选择远离喧嚣嘈杂的人群就座，这种人一般个性不强。

二、喜欢坐在角落

这类人喜欢坐在不被注意的角落，扮演旁观者的角色，他们通常追求安稳平静的生活。由于总是作为旁观者，所以他们往往对很多事情都缺乏决策的能力，同时缺乏成为一名领导者所应具备的积极态度。

### 三、喜欢坐在中央位置

有这种就座习惯的人有着极强的表现欲，他们在和别人说话时，常常以自我为中心，不断强调自己所说的话。但是他们对对方的事总是充耳不闻、漠不关心，这就导致他们常常忽略别人的意见。

### 四、喜欢坐在入口处附近

选择在这种位置就座的人通常个性急躁，不过他们对周围的环境能够观察得细致入微，对生活的态度也相当认真。他们喜欢四处走动，总是忙着照顾他人、为他人服务，那是他们最乐意干的事情。

除了座位选择，我们还可以通过两个人座位之间的位置关系来弄清他们之间的关系。

由于圆桌中的每个位置都是一样的，所以在读心方面参考价值极低。下面我们通过两个人在方桌上的座位关系来推测他们之间的关系。

一般来说，方桌有两种：一种是餐厅式的，即只能在桌子两条对边坐人；另一种是会议室常见的方桌，其四条边的位置都可以坐人。由此产生了以下四种座位关系。

### 一、对坐

我们在生活中会发现，两个人在下棋、商谈、掰手腕等处于博弈状态的情况下会选择对坐。原因在于对坐是一种博弈性就座方式。很多领导者在找下属谈话的时候，通常会让其坐在自己的办公桌对面，从而使下属感觉压力很大。

当然，并不是所有对坐的两个人之间的关系都是充满敌意的。由于对坐的空间距离极短，两个人在互相观察对方的时候最方便，最便于双方之间的信息传递，所以我们会看到普通好友在咖啡馆里闲聊的时候，也喜欢这样对坐。

**二、并排紧挨着坐**

这种坐法是关系亲密的表现。对坐虽然使两个人之间的空间距离缩短，但是他们无法发现对方腹部以下身体部位的玄机；而并排坐则没有了桌子的隔挡，使对方的状态一览无余。可以说，并排坐的两个人之间的隐私度是最小的，所以他们之间的关系是最亲密的。

**三、隔角而坐**

即两个人坐在相邻的边上，他们刚好占据了桌子的一角。这样坐的两个人关系不亲不疏，可以方便地传递信息，不会给对方造成过大的压力，也不会显得过于亲密。所以，有的面试官也喜欢采用隔角而坐的方式来面试应聘者。

**四、斜角而坐**

这是在方桌就座的人之间会出现最远的距离的坐法。所以，如果只有两个人，他们一般不会选择这样坐。这样坐通常是为了给"第三人"留位置。比如，洽谈的双方对某些技术性问题不太了解，就会请一位工程师来为他们答疑解难，那么工程师就会坐在斜角的上座位置。

总之，座位就像一张心理地图，选择什么样的位置，就代表了什么样的心态，也代表着人们对身边环境的不同掌控程度。所以如果我们想要了解一个空间内的人，完全可以尝试着通过他们下意识的座位选择来做出判断。当然，如果所有的位置都已经被事先安排好，那么整个观察也就失去了意义。

**知识拓展**

## 座位识人法

座位识人法是指在饭局或者会议上，仔细观察每一个人，看他们怎么挑选位置。

比如，有的人喜欢坐在上司旁边，这样的人往往过于积极，工于心计，心术不正。相反，有的人会刻意选择远离上司的座位，这类人大多比较胆小，社交能力不足，或者是因工作表现不佳而心虚。

## 旅游偏好体现了不同的性格

| 读人关键词 | 旅游偏好　性格特征 |
| --- | --- |

《论语》中有这样一句话："仁者乐山，智者乐水。"这句话的意思是说，一个人喜欢什么样的自然景物，和他的性格息息相关。同样的道理，一个人对于旅游目的地的选择也往往和他的性格有一定的关系。

有心理学家在研究中发现，人们喜爱的旅游方式和他们潜在的性格之间同样有着千丝万缕的联系。所以，想要了解一个人的真实性格，探询他的旅游喜好将对你有所帮助。

我们可以从了解他所选择的旅游目的地开始，推测他性格方面的一些特征。

一、选择原生态的旅游地

有的人喜欢去一些原生态的地方旅游，如待开发的岛屿、原始森林、人迹罕至的山中等处。

这样的人探索欲比较强，喜欢富有挑战性的工作。他们通常性格外向，热情活跃，喜欢与人打交道，头脑灵活，富有想象力。在团队中，他们常常担当领导者的角色，喜欢带领、帮助、保护其他人，凡事总是先人一步，敢于做出决策，表现出卓越的领导才能。

不管是在工作中还是在生活中，他们都喜欢为自己设定一个又一个具体的目标，并通过不懈的努力去实现这些目标，所以他们总是感觉疲累。对他们来说，有时真的需要放松一下心情，重新审视一下受挫败的次数与心理承受能力之间的平衡关系，这样才能让自己走得更远，并能享受到开拓进取的快乐。

## 二、选择自然景致

有的人喜欢观赏自然景致，如美丽的公园、蔚蓝的大海、蓝天白云相映衬的草原等。

有此旅游兴致的人喜欢追求完美，向往浪漫，注重细节和效率，不管是婚姻、事业等关系到人生前途和命运的大事，还是生活用品、服饰等方面的细节，他们都会认真对待，一丝不苟。而且，他们有着独特的审美观，不愿落入俗套。

此外，他们敏感又善良，富有同情心，凡事不喜欢麻烦别人。他们有着极强的家庭观念，喜欢与家人团聚，喜欢美满的故事结局。然而，现实总是不遂人愿，这难免会使他们产生心理落差。这时，他们最应该做的事情就是放松身心，不要计较太多，享受过程才是最重要的。

## 三、选择静谧、古老的神秘之地

有的人喜欢去一些静谧、古老的神秘之地旅游，如傍晚时分的古寺庙、具有历史纪念意义的地方等。

　　这类人大多性格内向，喜欢独处，他们的朋友不多，但都是君子之交。他们不会过于重视物质，但是会追求心灵的安静与满足。他们不一定年龄很大，但是一定有丰富的生活阅历和经验，心理年龄比较成熟。他们在生活中酷爱阅读和思考，富有哲学思维，并不断探寻未知世界。所以，这类人显得有些脱离实际，看起来还显得有些颓废，对待生活不是太积极。

　　除此之外，我们还可以通过一个人的旅游方式来了解其隐藏的个性。比如，喜欢露营的人，性格比较保守，崇尚传统伦理观念，严格按照崇高的道德标准行事，具有较高的道德素质；他们追求独立，不喜欢受到长辈的庇护和约束；想象力丰富，有着讲求实际的人生观；对待他人不卑不亢，有自己明确的交际之道。

　　再比如，喜欢出境游的人则比较时尚，他们常常站在时代潮流的最前沿，总是求新求变，对新鲜事物比较感兴趣，对人生充满信心。他们总是乐观向上，轻松解决生活中的难题，生活得潇洒惬意。

**知识拓展**

## 旅行中如何看清一个人

　　从一个人所选择的旅游出行方式、住宿偏好和喜欢购买的物品中，我们可以更好地了解对方。

如果一个人喜欢乘飞机出行，到达目的地之后会选择住酒店，旅游过程中会买一些当地的服饰作为此行的纪念品，那么他是一个追求舒适、高品质的物质生活的人。这类人通常生活目标明确，永远处于高度兴奋的状态。当遇到自己喜欢的人或者物时，他们会不顾一切地去追求，直到据为己有。不过，这种行为常常给别人一种自以为是的感觉。

如果一个人喜欢坐火车出行，且到达旅游地之后会选择住在旅馆，还喜欢买一些当地的土特产作为纪念品，那么他应该是一个勤俭持家、懂得开源节流的人。他可能受到传统的家庭氛围的影响，并接受了良好的教育，所以养成了勤劳简朴的生活作风。再加上他细心周到的思考方式，他的生活会缤纷多彩。但是，他细腻敏感的内心容易受到外界环境的影响。

如果一个人经常坐汽车出行，到达目的地之后会住在家庭旅馆，并选择以当地风景为主的明信片作为纪念品，那么在他的心目中，亲人和朋友占据着重要的位置。他能够与他人保持良好的沟通，懂得关心和体贴别人，是别人眼中不可多得的知心好友。

## ☆心理测试：你的生活习惯如何，个性就如何

一个人的个性总是能从他的一言一行中体现出来，所以通过观察某人生活中的一些小细节，就能看出他的个性。下面我们就来做一个个性小测试吧！

### 测试题目

生活中，有人下班回家后喜欢把鞋子乱放，但很多人还是会摆放好。不知道你们有没有注意过自己摆放鞋子的方式呢？你会怎么摆放自己的鞋子呢？从下面四个选项中选出最接近的一项。

A. 鞋尖朝入口处摆好

B. 鞋尖朝进来的方向摆好

C. 就是脱掉时的样子

D. 由住在一起的人帮你摆放

### 结果分析

有A类生活习惯的人，就是所谓的"先苦后乐型"的人，凡事都喜欢做到万无一失，是追求完美的人；会压抑自己的感情，喜

怒不形于色。但是，这种人防卫的盔甲太过坚硬，很容易引起误解。建议最好稍微卸下肩膀上的负担，让自己更轻松一些。

有B类生活习惯的人，属于办事细心周到的人，他们会适当地考虑方式方法，能够取得社会平衡。从精神分析学上来说，他们是"自我、超我和本我都取得平衡、调整得很好的人"，所以总能够给人以成熟的感觉。

有C类生活习惯的人，个性较冲动，喜欢追求自由奔放的生活方式，完全不考虑社会体制和规则。从精神分析学上来说，他们是"本我"较强烈的人，以追求自我欲望为中心。如果往好的方向发展当然不错，但是，往坏的方向发展的话，就很容易变成任性。

有D类生活习惯的人，是最任性的一种人。比起有C类生活习惯的人，他们显得更加任性。与其说是任性，倒不如说是完全被惯坏了。建议注意与周围环境的协调，否则终有一天会吃大亏。

# 第七章

## 从环境中识人，让看人准到骨子里

想要了解一个人，不仅可以从他的言行举止中捕捉到相关信息，还可以从他所在的环境中寻找到蛛丝马迹。有时，你会发现，一个人在公开场合和私密环境中所展示的形象判若两人。所以，从环境中识人，可以让看人更精准。

# 以物识人，读懂私人印记的"私语"

| 读人关键词 | 观察　环境线索　认知 |

1960年9月的某天早上，美国著名作家约翰·斯坦贝克准备开启他的美国观光之旅。

在旅行途中，斯坦贝克计划短暂休息，顺便和他的妻子小聚一下。他们计划在芝加哥会面。斯坦贝克提前到了会面的地方，却发现特别预订的客房还没有腾出来。刚好有一个客人提前退房，于是酒店方就安排他到这个刚刚腾出来还没来得及打扫的房间里洗漱、小憩。斯坦贝克在脱衣服时，因为前一个房客留下的痕迹而分神了，并将此人命名为"寂寞哈利"。他的原话是这样的：

动物休息过或者经过之处会留下被压过的草地、脚印，或许还有粪便，而人住过一夜的房间就会印下人的个性、传记、他最近的经历，有时还会有他的未来计划和希冀。我深信，人的个性会渗进墙里，然后缓缓释放。我坐在这个没有整理过的房间里的时候，

"寂寞哈利"的形象开始变得立体。我能感觉到，刚离开的房客留下了点滴关于他的印记。

通过细致入微的观察，斯坦贝克产生了一种感觉，即人们生活的环境中携带着大量的信息，包括他们的个性、价值观以及生活方式等。由此，他从该房间内的洗衣店收据、垃圾筐中未完成的书信、空空如也的波本威士忌酒瓶以及其他大大小小的线索中，拼凑起了一个"寂寞哈利"的形象。

在现实生活中，你有没有和斯坦贝克一样，在一个环境中仔细观察，并收获一些信息呢？在第一次去某人的家或者办公室拜访的时候，你有没有留意其房间的装饰、家具的摆放或者其他别具一格的地方？对善于观察的人来说，一个人所生活的环境里蕴含着丰富的信息，反映了主人的生活习惯、性格、价值观或者一些生活经验。比如，环境可以泄露其工作、教育、爱好、宗教、文化、婚姻和家庭状况、政治立场、朋友以及财富方面的信息。

不仅如此，环境还有助于你确认、怀疑或者加深自己从外表和肢体语言等方面所获得的对一个人的认知。比如，他是开放的还是保守的，是务实的还是奢侈的，是傲慢无礼的还是谦逊有礼的，是时尚的还是传统的，等等。

其实，环境线索很容易被发现，而且很多人都会觉得探索他人的领地很有趣。尽管在孩提时我们就被教育"不要窥探他人"，但是好奇心是人类的天性，每个人都乐意通过观察别人生活的环境来更好地了解对方。

由于我们一生中大部分时间都用在家庭或者工作上，所以这两处环境具有重要的启示意义。如果有机会接触这两个环境并对其加以比较，那么我们就能获得对主人的最全面的了解。一个人在工作环境中展现出某种形象，但是他在家中却展现出另一种不同的形象。这就告诉我们，一个人在公开场合所展示的形象和他在私密环境中所展示的形象可能会有很大的差异。

比如，一个穿着干净又时尚的衣服、开着豪车上班的人，如果住在一个简陋、凌乱的地方，那么我们就会对他形成一个完全不同的印象。要是你发现他很少邀请别人到自己家里做客，那么他很可能是一个注重自己形象的人，因为他将自己的钱和精力都花在了别人经常能看到的地方，却能在自己简朴、凌乱的家中度过自己的私人时间，这同时说明了他可能是一个只要面子、不注重里子的人。

我们要准确看透一个人，关键并不在于评估某个孤立线索的潜在含义，况且很多言辞和行为的含义也没有那么明显。所以，高超的读人技巧要和环境结合起来，从而能够得出一个可靠的结论。

**知识拓展**

### 环境、行为和心理之间的关系

新行为主义学派认为，人的行为会受到环境和心理两方面因素的影响，其中，环境刺激是因，心理反应是果。人的行为既受到过去因素（环境刺激）的影响，又受到未来因素（环境刺激）的影响。所以，如果单纯地把心理和环境分开来进行分析，或者忽略环境来探讨心理，都是片面的做法。

在分析一个人的言行、性格时，只有与环境结合起来，才能更客观、更准确。比如，有的父母不让孩子吃热量高的食物，甚至不让孩子吃零食，这看起来似乎不近人情，但是事实是，他们整个家庭正在受到严重肥胖症的困扰。

此外，环境作为一个窥测人心的因素，常常指的是顺境或者逆境，而一个人面对不同的环境可能会产生截然不同的情绪波动和行为表现。即使是同一个人，也会因切入点（时机选择）的不同，而产生不同的结果。

人的先天性格很容易受到环境的影响，并且容易被环境改变，这些被改变的后天性格和气质才是心理学上所说的性格。因此可以说，环境是决定个人心理变化的一个重要因素，在识人的时候，必须将其考虑进去。

## 解读工作环境，找出了解对方的关键线索

| 读人关键词 | 工作场所　环境线索　认知 |
| --- | --- |

回想一下，你最好的朋友的办公室是什么样的？

他的书架上有什么书？

是否摆放了艺术品或者照片之类的东西？

他在墙上悬挂了什么执照或者证书吗？

他的桌子上都有些什么东西？

他有没有使用一支看起来比较特别的笔？

他的办公室里常备什么样的零食？

如果你能信心满满地说出以上所有问题的答案，那么说明你能关注到那些定义一个人的细节，你是一个天生的读人大师。但是，如果你和大多数人一样，对这些问题的答案说得含糊不清，只能凭自己的经验猜测，那么你就需要学习一些好用的观察技巧，并在平时的生活中不断进行练习。

在职场上，学会解读同事的工作场所有助于你培养良好的工作

关系。通过对方在工作环境中的个人印记，你可以了解哪个或者哪些同事跟你有着相似的品位和价值观，可以判断哪些同事可能是条理清晰的可靠帮手，甚至能分辨出哪些同事在勤恳工作，哪些同事仅仅是在消磨时间，等等。

此外，解读一个人的工作环境，对于评估一个非同事关系的人也同样重要。我们在生活中要与各色各样的人打交道，如医生、孩子学校的老师等，见面的地点通常都是他们工作的地方。他们所选择的赖以谋生的职业和工作环境状况可以为我们提供很多关于他们性格方面的线索，我们可以对这些和他们的外表、行为一起进行评估。

解读一个人的工作环境，主要是对他的办公室里的摆设进行解读。这些摆设通常都是他自己挑选的，所以这些物件往往比微妙的肢体语言和外表更容易解读。同时，由于办公室空间有限，加上此处离开了配偶或家人的影响，所以在这里可能会找到一些在他家里找不到的自由表达自我的线索。

在工作场所中，有些物品对读人具有重要的启示意义，它们能够提供重要的情报。

一、日历

这个人的办公场所摆放的日历是汽车、美女，还是漫画的风格？日历不仅能彰显一个人的爱好或者热情，也可以是很好用的聊天话题。从聊日历开始，双方就可以很畅快地聊下去了。

## 二、照片

办公室里所摆放的照片中，包括照片中的人物和地点，照片的数量，所使用的相框的类型（是昂贵的还是便宜的），照片的类型（是截屏、随手拍，还是专业写真、艺术照），都包含着丰富的信息。

举个例子，如果照片是主人与一些社会名流、其他名人的合照，就显示了他的夸耀心理。我们可以将其作为聊天话题，定能和主人相谈甚欢。

## 三、书籍等阅读材料

工作场所的各种阅读材料可以反映出一个人的阅读偏好，比如，一堆被翻到页角起褶的平装科幻小说，反映了主人可能是个科幻迷；但是书架上摆满了全新的精装世界名著，则有显摆的嫌疑。

此外，办公场所摆放的阅读材料也可以反映一个人的工作态度。如果某人的桌面上摆放着一摞言情小说或者育儿杂志，那么说明此人的注意力并没有完全集中在工作上，而是落在了别处。

## 四、桌面上的物品

桌面上的物品往往能透露主人所重视的东西，比如，有的人在桌面上摆了一些自己获得的荣誉奖杯、奖章和奖品，这代表他把荣誉看得很重。

不仅如此，桌面上摆放的物品也能反映主人性格方面的特点。一个桌面杂乱无章的人通常做事也是凌乱无序的，那么也就不能指望他的业务水平有多高了，可能他的家中和私家车里面也是同样的情况。

还有，那些试图用高价钢笔和水晶镇纸来给访客留下深刻印象的人，很可能在生活的其他方面同样会这么做。

五、植物和花卉

不嫌麻烦地在工作场所养植物的人通常非常看重环境的美丽和自然，他可能有一种艺术气质，还可能是一个注重健康的人。此外，植物自带吸引力，所以摆放植物也是主人热情好客和亲近自然的标志。

**知识拓展**

### 如何解读工作场所的周边地区

如果你是上班族，那么你通常没有自己选择工作地点的权利，但是你可以选择自己居住的地方。试想，一个人为了上班方便而在城区买公寓，尤其是在他还有孩子的情况下，就能透露很多信息。

比如，他想要有更多的工作时间，他可能是一个工作狂，可能在工作中获得的满足感要多于从家庭中获得的，而且他是一个野心勃勃、以自我为中心的人。当然，还有一种可能，那就是他和妻子一致认为，城区的文化氛围对孩子的成长更重要。

对于自主创业者来说，他们为自己选择的办公环境可能是时尚、便宜、多功能的，或者可能比较招摇，但是常常反映了他们的业务性质和客户类型。比如，一个初出茅庐的时装设计师可能会在一条服装街上开一家时装店，一个船只工匠可能会在海港区建立一个维修点，等等。而且，工作场所的布置是朴实的还是豪华的，也能看出一个人的个性风格和心理。如果一个不需要靠豪华装饰来吸引客户的工作场所却有着豪华装饰，这反映了主人的一种态度：他比较重视优美的环境、舒适的环境。更有可能的是，高端办公区所投射出的形象是他奋斗的动力。而选择朴实风格的人，尤其是明明有能力支付繁华地区租金的人，很可能是一个比较自信、务实、节俭的人，他的自尊心根本不需要华丽的外表来支撑。

## 观察住家形象，看透对方的真实性情

**读人关键词** 观察 外在形象 住家形象 真实性情

　　家是一个人的堡垒，是我们所能享受到的最私密、最个人、最持久的环境，在这里我们能流露出更多的自我。所以，一旦走进一个人为了自己的安逸而创造的空间，我们就可以发现一些非常可靠的个人信息。

　　偶尔，当走进某人的家中时，你可能会发现，他在家所展示的形象与他在外界所展示的形象有一定的差距。大多数人都在或多或少地过着一种双面生活。有时，这种差距大得惊人。不过，这种外在形象和住家形象形成强烈反差的情况是罕见的。

　　例如，总是严肃认真的女强人可能在自己家中客厅角落的一张小桌子上放一叠《人物周刊》，在职场上显得粗放豪迈的大男人在家里可能收藏了很多古典音乐光碟，等等。

　　当然，我们进行这样的观察的目的，并不是要发现某人是"骗子"，揭开他的真面目，而是要去感受对方的真实性情。如果通过比较，你发现其中出现了明显而令人震惊的差异，或者有什么不对劲的地方，那么就应该提高警惕。更常见的情况是，通过比较某人的公开形象和住家形象，你可以了解二者之间的关联度，认清对方真实的一面。

当二者出现冲突时，我们首先应考虑的问题是："哪一个形象更靠谱？"很显然，住家形象提供的线索更可靠，因为家是我们真正、完全放飞自我的地方。

既然如此，我们就要在拜访某人时，多多了解他的住家形象。那么，怎么才能更好地进行了解呢？

那就是多运用自己的感觉器官去观察、感悟。当走进别人的家中时，我们的第一反应通常是四处看看，没过几分钟，就能收集到一些视觉线索。那么，接下来我们不妨把注意力放在另外三种感官上，让听觉、嗅觉和触觉来帮助自己更好地了解对方。

### 一、运用听觉

走进对方的家，我们可以听一听：他的家中是否在播放轻柔、舒缓的音乐？如果是这样，表明住在这里的主人是平静而安详的，或者希望自己能够如此。是否在播放电视节目？如果是，那么是什么节目？屋子里是否有清脆的风铃声，狗叫的声音，以及孩子嬉闹的声音？如果从屋后传来摇滚乐声，那么我们可以推断屋里可能有青少年，或者有某位怀念年轻时代的老人。不留心听的话，我们就可能无法捕捉到这些重要线索，它们包含很多重要信息，并能指引我们去寻找更多。

## 二、运用嗅觉

我们要善于运用嗅觉来留意各种好闻或者难闻的气味，尝试辨认它们。闻一闻屋里的气味，并试着寻找它们的来源，如是不是来自鲜花、食物、动物、婴孩、药物、酒类、香烟、清洁用品等。

某人认为自己家的环境可以营造的气味或者无法消除的气味，可以透露很多你无法想象的信息，如反映某人的兴趣（厨艺或者园艺），烟草和酒类的使用习惯，以及家里是否有孩子，是否养了宠物，他们是否健康，等等。

一般来说，一个家里脏乱不堪的人可能和那些不讲究个人卫生的人有同样的特质；而那些家里气味芬芳的人很可能更擅长社交，更懂得体贴别人，更关注他人的需要，也更重视他人对自己的看法。

## 三、运用触觉

这并不是说，让我们像福尔摩斯破案一样戴着白手套去摸一切可疑的地方，而是只要留意手边的物品就可以了。比如，我们可以摸摸家具是柔软的还是坚硬的，垫着柔软棉垫的沙发很可能暗示主人爱好舒适，而光滑的人造皮革则暗示主人务实的天性。我们还可以留意，地上是铺着打磨得闪闪发亮的光滑石板，还是铺着温暖的地毯，这些都能为你构建主人的住家形象提供细节线索。

最后，需要注意的是，观察一个人的家，只能在"公共"区域里四处逛逛，而不能去他人的隐秘之处刺探其隐私。通常所说的"公共"区域，指的是家所在的周边地区、门前一带、客厅、休闲厅、厨房和客人盥洗室。只要我们的观察细致入微，根本不用侵犯别人的私有领地，就能对其有一个大致了解。

**知识拓展**

## 住家环境中最有启示意义的物品有哪些

每一个人家中都有很多物品，我们在观察一个人的家庭环境时，不可能留意所有物品，只要把注意力放在对我们最有启示意义的物品上面就可以了。

一般来说，最有启示意义的物品包括：酒类，镜子，宠物的玩具或碗，艺术品，乐器，烟灰缸，药物，书籍或者其他阅读材料，照片，儿童玩具和家具，地毯，闹钟，告示牌，收藏品，运动用品（如运动装备、奖杯、海报等），花卉和绿植，影音系统和收藏的唱片、光碟，食品，电视机，节日装饰，等等。

和其他一切特征一样，屋里摆设所具有的每一个特征都可能有重要意义。比如，如果一座房子安装了警灯，窗户上钉着铁栏，还有报警系统，大门上还有"小心恶犬"的告示牌，门上还装了好几道门栓或者门锁，这一切都说明主人十分关注自己的安全问题，甚至达到了偏执的地步。与此相类似，屋内有节日装饰、秋千和孩子玩具，表明主人的生活风格和价值观都偏重于家庭。

## 休闲环境的选择，透露出个性的真实信息

**读人关键词**　休闲场所选择　性格　价值观　生活风格

我们在休闲时所选择的活动场所暗示着很多信息，但是我们常常忽视这些环境标识。

生活中，我们会听到有人抱怨自己的另一半嗜酒如命，但是事实上他们最初便是在酒吧里认识的。其实，既然对别人嗜酒如此在意，那么为什么不到一个远离酒水的地方去交朋友呢？

这就是说，选择社交活动的环境和场所对一个人来说非常重要。如果你想要获得智慧，那么最好到大学或者图书馆去看看；如果你想要健身，就可以去健身馆感受一下；如果你是一个大自然爱好者，就可以加入"驴友"俱乐部；如果你想要找到北极熊，那么你就要去北冰洋一带，而不是去热带地区。

我们总是忘记人们所选的环境究竟能透露多少情报。这种选择的主动权有多大，包含的信息量就有多大。假设我们周末在公园看到一位陪孩子踢足球的妈妈，那么我们可以推测她是享受户外活

动、亲子时光和运动的。但是如果她在公司聚会上做同样的运动，即使她表现得很开心，我们也不能就此得出同样的推论。因为我们不能确定这是不是她主动做出的选择，这很可能是她善于适应并享受他人为自己做出的选择。

此外，我们不能仅凭一次偶遇就做出推断，还要看对方在某个活动场所花费了多长时间。这是因为，如果一个地方无法满足他的某些需要，他是不会在那里花费太多休闲时间的。比如，一个人出现在公益活动现场，并不能说明他是个热心公益的人，只能说他是一个善良、有爱心的人。如果这个人多次出现在不同的公益活动现场，我们就可以推测他是一个热心公益的人，他将公益当作自己生命中的重要组成部分。同样，这样的推断适用于任何环境，如健身俱乐部、购物中心、酒吧等场所。一个人自愿在一个场所花费的时间越长，那个场所就越能反映出他的信念，也就越能让人更好地预测他的行为。

有时，从一个人某次所在的孤立场景的环境中，我们也可以捕捉到很多信息。比如，你去一位大学好友所在的城市，他打电话约你见面聊天，那么他所选的聚会地点就是一条值得留意的线索，就连他所选择的就餐场所也能透露出他的性格、价值观和生活风格方面的特点。

如果他选择在一家高档的餐厅和老朋友吃一顿轻松的午餐，那么他可能生活较为宽裕，或者是一个缺乏自制力的刷卡族。不论是哪种情况，都说明他是一个重视外在的人，希望能给别人留下一个好印象。很显然，他注重享受，不太讲究实用，这些都反映了他是一个缺乏安全感的人。

如果他选择去咖啡馆会面，那么他很可能是一个简朴的人，他不能或者不愿意牺牲金钱来换取美食或者美食所代表的形象。他可能只想单纯和老朋友叙旧聊天，并不想彰显自己的成功或者地位。

当然，不管他选择什么会面地点，我们都不能就此对他做出任何推测，不过我们最好留意并考虑这方面的因素。如果他多次选择同类的见面地点，那么这方面的因素就会显得异常重要。

### 知识拓展

#### 从运动场所的选择看健身者的内心

一个人所选择的运动场所反映了他身心方面的需求，展现了他的个性和情趣。

去体育馆或者健身俱乐部：这类人不喜欢一个人流汗受累，喜欢有人陪他一起锻炼，这样的话，运动完，在蒸汽房里，就会有同伴一起互相鼓励。

在家庭健身器材上锻炼：电视上有关运动器材的广告使他相信，在这种运动器材上锻炼，不需要用多大力气就能达到和真正运动同样的效果。不过，他很快就会发现，只有广告里的模特才能做到如此。他的运动器材，很快就在屋子角落里落满灰尘。

去户外运动：有的人喜欢竞走或者慢跑，这样的人讨厌随大流，偏爱展示自己特殊的品位，如果慢跑等运动成了时尚，他一定不会选择这种运动方式——他的行为常常不符合传统；有的人喜欢散步，这样的人对那些需要紧急完成的计划不感兴趣，不喜欢马拉松赛跑或者吸引他人注意，他很有耐心，并有信心面对任何事物；还有一些人喜欢骑自行车，他们懂得如何以同样的能量走更远的路，而且他们不像喜欢慢跑的人那么死板，他们一般不设定骑行路线，而那些喜欢慢跑的人通常都会沿着同一条路线跑步。

## ☆心理测试：测测你是什么气质类型的人

### 测试题目

假设一种场景：你去剧院观看演出，结果迟到了十几分钟，但是剧院有规定，演出开始十分钟后就不允许进场，所以你被检票员拦在门口。这时，你会有什么样的反应呢？

A. 非常生气，与检票员争执凭什么不让进去。

B. 对检票员软磨硬泡，趁其不注意偷偷溜进去。

C. 不吵不嚷，在门口耐心等到下半场再进去。

D. 垂头丧气，委屈万分，认为自己总是这么倒霉。

### 结果分析

A——胆汁质类型：心理活动快速，情绪体验强烈，发生快而强，但是不稳定，难以自控，偏于外向性，属于神经活动强但是不均衡的类型。个性率真、热情，但是遇事欠思考，鲁莽冒失，容易感情用事，刚愎自用。这种类型典型的代表人物就是《三国演义》中的张飞。

B——多血质类型：心理活动快速，情绪发生快而多变，比较稳定，偏于外向性，属于神经活动强而均衡、灵活的类型。性格活泼好动、热情大方，行动敏捷，适应性强，但是缺乏耐心和毅力，稳定性差，显得比较浮躁。典型的代表人物是《红楼梦》中的王熙凤。

C——黏液质类型：心理活动缓慢，情绪发生慢而弱，较稳定，偏于内向性，属于神经活动强而均衡但不灵活的安静型。性格沉着冷静、坚韧，但是也往往会表现出执拗、淡漠的一面。典型的代表人物是《西游记》中的沙和尚。

D——抑郁质类型：心理活动缓慢，情绪发生慢而强，不稳定，偏于内向性，属于神经活动较弱的抑郁型。性格柔弱易倦，敏感、胆小，容易变得孤僻。典型的代表人物是《红楼梦》中的林黛玉。

# 第八章

## 解码被隐藏的性格，打破刻板印象来读人

每个人都有自己独特的性格，这种性格使得他有着与之相应的表现。通过一个人的外在行为表现，我们可以推测出他的大致性格特征。但是，性格没有好坏之分，我们不能因为偏见而对不同性格的人区别对待。

## 性格没有好坏之分

读人关键词　　性格　人格　行为表现

在现实中，大多数人都对自己的性格不满意。

其实，性格本没有好坏之分。人是一种社会性动物，具备基本的社会属性。受环境的影响，社会的文化和价值观倾向造就了"理想的性格"。这就成为我们在看人的时候评价"谁比谁的性格好"的缘由。

性格的本质是很简单的：遗传决定了人们最初的性格，随着人渐渐长大，环境和成长经历会进一步对性格进行塑造定型，以此成就现在的自己。心理学中不同的理论和流派，通过不同的视角来帮助人们解释和看到性格。相比之下，大多数人口中所说的"性格"则通常是经过观察和归纳得出的结论，那些结论只不过揭示着人们对一贯的行为表现的分析和预测。

人们在讨论性格的时候，经常会用到"性格""个性""人格"等词语。这些不同的词语，对于性格来说是不同的概念。就性格来说，可以把人比作洋葱：最外层是自己希望他人看到的行为，往里面一点是自然表现出的行为，再往里面则是被压抑着的不想表现出来的行为，最里层才是最真实的表现。

事实上，心理学家很少谈及"性格"，他们更喜欢讨论的是"人格"。人格反映的是能让一个人在不同的情境中依然保持行为一贯性的心理品质。对于人这个"洋葱"来说，其最内层就是人格，是一个人表现得较为稳定的特点，它来源于遗传和早年的生活经验，使每一个人成为独特的人。在生活中，你是否会发现自己在很多方面简直就是父母的复制品？这正是因为人格的稳定让人们形成了可以预测的行为习惯。

比如，内向的人在大多数场合都表现得很内向，尤其是在陌生的社交场合，那些独自坐在角落里的往往都是内向的人。再比如，一个平时粗枝大叶、不注重细节的人，并不会因为某个工作任务特别重要而变得面面俱到，一次性把控好各个方面的细节。

然而，人与动物不同，人可以在一定程度上控制和约束自己的行为，以使自己的行为符合外界的预期。而这些就是他人眼中观察到的我们的"性格"。因此，"性格"是一个生活中常见的词语，可以理解为人格外在的具体表现。

通常来说，人们在人格特质与性格表现上是一致的，通俗来讲就是表里如一，行为稳定。不过，也有不一致的。

举个例子，一个面对众多学员侃侃而谈、表现得自信满满、诙谐幽默、风度翩翩的专业讲师，私下里却说自己在上台前会手心出汗，而且在培训前一天夜里会辗转反侧，无法入睡。这是一个极端而又成功的例子，这位讲师深层次的人格特点是缺乏自信的，但是经过多年的职业训练和积累，他将自己塑造成了一个性格特点与原始人格完全不同的人。

不过，从另一个角度来讲，想要违背自己的天性，表现出完全不符合天性的行为，对大部分人，尤其是年轻人来说，都是不可能做出的事情。

**知识拓展**

## 人们眼中的"好性格"和"坏性格"

虽然我们说性格本身并没有好坏之分，但是社会环境会塑造一种集体价值观的倾向，即什么样的性格是社会推崇的性格，是大多数人认为的"好性格"。

大部分被评价为"性格好"的人，都有以下性格特征：积极乐观，幽默，有同理心，成熟（情绪稳定），能够发现别人的优点，开放地表达自己的观点，有互助倾向。当然，除此以外，诚信、自信、有创造力等也被认为是好性格的范畴。

相反，这些性格的对立面，则是不受人欢迎的，包括：消极悲观，刻板、木讷，冷漠、不通人情，情绪大起大落，幼稚，吹毛求疵、爱批评别人，封闭、难以接纳不同意见，自私。

## 360度观察，解开性格密码

| 读人关键词 | 观察　行为　推断　性格 |
| --- | --- |

在人的社交活动中，性格扮演着重要角色，是一个非常重要的影响因素。不管是交友、寻找事业伙伴，还是和爱人、孩子相处，几乎所有的生活细节都是通过人的性格和选择来展现出来的。虽然我们很难快速对一个人的性格做出准确判断，但是对其做出大致的判断还是容易做到的——你跟哪些人合得来，谁会成为你最好的工作伙伴，谁连你的泛泛之交都算不上，谁是与你患难与共的人……这些都是性格在发挥影响。

人们在对自己和他人进行评价时，总是少不了"性格特点"这一项。不管这种评价方式是否科学，人们总能找出各种例子来证实自己的判断是正确的。就这方面来说，每个人都是"心理学家"。

一般来说，人的性格在很大程度上会反映在他的行为上，所以，通过观察一个人的所作所为，我们就可以对他的性格有所了解。

我们可以从以下几个方面进行观察。

### 一、观察他与陌生人如何相处

观察一个人如何与陌生人相处，可以判断其性格的外显性，也就是判断他的性格是外向的还是内向的。

性格内向的人会与好朋友亲密无间，无话不谈，但是不愿独自出席满是陌生人的聚会，即使那个聚会能为他提供难得的职业机会。对于网络上聊得很投机的朋友，内向的人在与其见面后反而会变得无话可说。他们往往是新群体中比较慢热的那一个，即使自己很想知道一些事，充满了好奇心，但直到最后也不会开口问。

与此相反，性格外向的人对陌生人"无所畏惧"，能很快被他人接纳，因此能获得更多的机会。

### 二、观察他与家人如何相处

一个人的性格通常是稳定的，所以处理问题的方式是很相似的。比如，一个人爱生气，那么不管是员工还是家人做错了事，他都会生气。

不过，有时候，人的行为会因为自身角色的变化而产生偏移。比如，一个领导会对员工和颜悦色，但是对自己的孩子却会大吼大叫。这是因为他必须扮演这样的角色，但是那可能不是他真正的自己。而家庭关系是一个人最具安全感的人际关系，可以使他在放松的情况下表现出最真实的自己。所以，观察一个人如何与家人相处，将是一个很好的了解他的原本性格的方法。

### 三、观察他与朋友之间的关系

从性格方面来讲，一个人能够呼朋引伴也是他有能力的一种表现，说明他具有能够"被朋友喜欢"的能力。我们在推断一个人的性格的时候，不要忽略了观察他和朋友之间的互动关系，包括：观察他是否受到朋友们的尊重；那些朋友在遇到困难时是否会主动找他帮忙；他在朋友圈里说话是否有分量，或者是否一直是朋友们嘲讽的对象……这些通常能够反映一个人的综合性格。

### 四、观察他的处事态度

一个成年人是否能控制好自己的情绪，合理地表达和疏导负面情绪，是一件至关重要的事情。而观察一个人的处事态度，可以看出他的情绪管理能力如何。

就如同在和平年代很难检验一个军队的战斗力一样，对一个人的情绪管理能力的观察，应集中在他在被拒绝、被顶撞、被挑战、遭受挫折时会有什么样的反应上面。

### 五、观察他对规则的态度

在现实生活中，有的人循规蹈矩、遵纪守法，有的人则习惯于打破常规，这些差异往往代表着一个人在规范性方面的喜好，以及是否具有冒险精神。比如，对于有驾照的人来说，他的驾车方式就是一个很好的关于规范性的观察对象。

### 六、观察他的生活细节

观察一个人的生活细节，可以了解他的世界观，以及他对待生活和金钱的态度。比如，从一个人打理内务的能力可以看出他对待生活的态度，看出他是否具有条理性。而一个办公桌脏、乱、差的人，家里的环境可能也不会好到哪里去。

知识拓展

## 内向性格真的不好吗

在日常生活中，我们在描述一个人的性格时使用最多的词语就是"内向"和"外向"。

然而，对于内向的性格，现代社会似乎给予一种善意的否定。不管是当事人本身还是朋友、雇主、家人，都常常为"内向"这个词而忧心忡忡。虽然许多心理学实验一再证明，性格内向或者外向并不是决定一个人成就的关键因素，但是依然无法消除人们对"内向"性格的偏见。

事实上，过于内向和过于外向的人都不会成为人群中最受欢迎的那个人。这是因为，前者会因融入新群体较慢、很难建立新的人际关系、不合群等社交方面的原因不被喜欢，而后者则会因太聒噪、太张扬、过于自来熟、交朋友太随意而不被接纳。

## 掌握九型人格，看穿他人的行为模式

**读人关键词** 九型人格 行为模式

九型人格相传源于中东地区，是人们口口相传的理论。

20世纪70年代，九型人格正式传入美国，这门古老的学问既简单精确又深刻，而且它竟然和现代的人格理论不谋而合，于是很快引起广泛关注。如今，九型人格论已被演化成一种人际沟通的管理工具，被广泛应用于企业管理的各个领域。

按照人们习惯性的思维模式、情绪反应和行为习惯等性格特质，九型人格论将人分为以下九种。

### 一、完美型

属于完美型的人常常作风严谨，就像一位纠错专家，他们有一双敏锐的善于发现错误和不足之处的眼睛，总是能让即使微小的错误也无所遁形；他们的公正和刻板使得周围的一切严格按照完美的方向运行。但是他们的过度批判、缺乏弹性和自以为是常常让人感觉压抑得喘不过气来。

## 二、助人型

这种类型的人常常充满爱，因此让这个世界充满了温情。这个世界之所以变得如此温暖，很大程度上是由于助人主义者的付出和牺牲。但是，助人主义者在遭遇爱的背叛时所表现出来的蛮横无理和强势操纵性，又让人感觉十分可怕。

## 三、成就型

这种类型的人是典型的工作狂。他们自信又有活力，目标明确，有很强的危机感，不怕疲累，不辞辛苦，成功欲望强烈，总是渴望鲜花和掌声。不过，他们也有处事圆滑的一面，见人说人话，见鬼说鬼话。而且，他们为达目的不择手段的做法令人不齿。过劳死现象在他们身上也会存在。

## 四、艺术型

可以说，艺术型的人就是体验主义者，他们喜欢把自己的感受放在第一位，人世间那些可歌可泣的悲情浪漫故事大多由他们"主演"完成。不得不说，他们为这个世界带来了一份份委婉凄凉的美。但是，他们的人性和梦想总是让人抓狂。

## 五、智慧型

这类人就是思想家，追求知识是他们的目标。他们喜欢分析事物，探讨那些抽象的概念和观念，却不喜欢群体活动，对规则常常表现得不耐烦。他们的理性使人佩服，但是他们永远是思想的巨人，行动的矮子，他们的思想总是大于行动，他们最拿得出手的本事就是为别人出谋划策。

### 六、忠诚型

这种类型的人服从权威，有责任感，对家人、朋友和所在的集体忠诚，信守承诺。他们总会把风险放在首位，凡事谋定而后动。不过，他们的唯唯诺诺和缺乏安全感的表现总是让人误以为他们是怯懦的人。

### 七、活跃型

此种类型的人就像是多面手和鉴赏家，几乎没有什么是他们不懂的，他们总是对发现新事物充满兴趣，似乎有无穷的动力。他们性格外向，永远都在追求物质享受和精神快乐，懂得享受生命，即使年纪大了，也常常乐呵呵的。不过，他们总是逃避痛苦，过于强调个人需求，并认为照顾别人是一种负担。

### 八、领袖型

这类人就是天生的领袖，他们懂得决定自己生命中的路向，懂得为自己争取利益，捍卫自己的利益，做生活中的强者。他们喜欢启发和鼓舞别人，常常能够受到人们尊敬；他们勇于冒险，好战，不但不会屈服于权威，而且敢于挑战权威，另立王国，讲究公平与正义。然而，他们强烈的控制欲让人窒息，而且他们对权力、金钱和美色的追求让人感受到他们的强权和贪欲。

### 九、和平型

这种人格类型的人是天生的和平者，害怕出现冲突，害怕失去、分离，害怕被消灭，同时性格中有宿命论的倾向。他们喜欢调解人际关系，只要别人一出现矛盾，他们就会劝说双方各让一步。

他们喜欢随波逐流，但是有时候不愿意直接面对难题，性格模糊。

## 知识拓展

### 关于九型人格的那些事儿

九型人格论是一种绝妙的性格分析工具，它可以让人真正做到知己知彼，不仅可以弄清自己的个性，还可以借此推断他人的个性类型，从而帮助自己在人际交往中更加游刃有余，与他人相处更融洽、更和谐。

不过，对于九型人格，我们需秉持下面的观念：

第一，绝大多数人的性格都属于九型人格中的一种，而这就是他的基本人格形态。一个人的基本人格类型是不会改变的，即使由于现实生活中的某些因素而发生了一些变化，基本人格形态中的某些部分被隐藏或者有所调整，整体也并不会真正发生改变。

第二，虽然人的基本人格形态不会发生改变，但是对某一具体人格类型的描述，却不一定完全符合某一个人，原因就在于上面所说的，人们会为了适应成长环境、社会文化的需要，在某些因素的作用下，做出一些改变，以至于出现一些与自己的基本人格形态不一致的地方。由于每个人的成长环境都是不同的，所以同一人格类型的人之间可能会有许多共同点，但是也会拥有各自最特殊的不同点。

　　第三，不能说哪一种人格类型是比较好的，哪一种人格类型是比较差的。事实上，每一种人格类型的人都有着各自的优缺点。

　　第四，在了解了自己和别人的人格类型之后，不要为他人贴上标签，直接论断别人会有什么行为表现；也不应该拿自己的人格类型做借口画地为牢，而应提升自身修养。因为每一种人格都有着朝向健康或者不健康的方向的可能，并因此会产生不同的变化。

## 识别异常人格，构建和谐的人际关系

| 读人关键词 | 异常人格　表现 |
| --- | --- |

除了九型人格之外，还有一些与此有很大差异的非正常人格，这就是异常人格。有的人由于人格的严重偏移而不能正常地适应生活，结果就会出现一些异常的行为表现，以致殃及社会或者导致个人痛苦不堪，这些人的人格被称为异常人格。根据具有异常人格的人的主要表现，可以将异常人格分为以下几种：

**一、表演型人格**

表演型人格以高度的以自我为中心、过分情感化，用夸张的语言和行为吸引注意为主要特点，目的是引起他人的同情和注意。具有表演型人格的人擅长表演，具有很强的表演能力，并表演得具有感染力。他们喜欢哗众取宠，情感肤浅易变，通常接受不了别人的批评，对批评极为敏感。

**二、依赖型人格**

依赖型人格是一种以过分顺从别人的意志、缺乏独立性为主要表现的人格，这种人格的人的主要特征就是感觉无助、虚弱、空虚，自觉低人一等，从而过度依赖他人。但是这种依赖感使他们对依赖对象产生服从、依附的行为，并因害怕失去而产生分离的恐惧感。

### 三、强迫型人格

这种人格的人总是谨小慎微，过于拘泥于细节，唯恐因疏忽而出差错，对人对事要求十分严格，刻意追求完美。他们大多数时候都在刻意追求整洁、完美，这也使得他们过分认真、固执和僵化，从而失去了灵活性、开放性和效率。他们做事过于谨慎与刻板，事前反复筹划，事后反复核对，不厌其烦。犹豫不决、优柔寡断也是他们性格中的一个显著特点。

### 四、自恋型人格

有着自恋型人格的人总是过于看重自己，认为自己是卓越的、出众的，别人理应给予自己关注、赞美、关心和帮助，而且那些成功、权力、荣誉都应属于自己。他们热衷于与别人比较和竞争，期望通过竞争打败他人，以证明自己的优越。对于他人的批评，他们会表现得十分愤怒，充满敌意，甚至采取报复手段。他们通常缺乏同情心，没有责任感，更不会产生愧疚感。

### 五、偏执型人格

这类人格是一种有着病理性固执信念、容易走极端的人格，其主要特征是猜疑和偏执，总是对他人的动机有着广泛的不信任和怀疑，表现得过于警惕。这种人格的人认为这个世界充满敌意，常常猜想最糟糕的情况，将周边环境中很多与自己无关的现象和事件与自己联系起来，认为这些是冲着自己来的，尽管这种猜疑与事实严重不符。即使别人反复解释，也无法改变他们的想法，他们甚至会对怀疑对象有过激的攻击行为。所以，他们的人际关系不良，人们往往对他们敬而远之。

### 六、回避型人格

这种人格也被称为"焦虑型人格"，以回避社交和对负面评价过分敏感为主要表现。这种人格的人总会因习惯性夸大日常处境中的潜在危险而产生回避某些活动的倾向。他们总是郁郁寡欢，扮演默默观察的局外人的角色。他们虽然渴望融入一个团体，但是无法忍受可能出现的不被他人认可、不受大家喜欢的结果，就选择回避社交以求生存。

### 七、叛逆型人格

叛逆型人格又被称为"反社会型人格"，是一种个性偏离社会化，内心体验和外在行为违背社会常情和社会规范的人格。这种人格的人对人冷漠无情、缺乏正常的情感交流，容易被激怒，产生冲动性行为；他们不在乎别人的感受，漠视社会规则，很少为自己的行为感到内疚，缺乏罪恶感。

### 八、边缘型人格

边缘型人格是指一种在人际关系、情绪表现和自我形象等多方面都显得不稳定的人格。具有这种人格的人常常会表现出以下几种情绪和性格特征：沮丧、愤怒、自我仇恨、焦虑、迟疑、空虚和对抗性顽固等。

知识拓展

## 大五人格理论

截至20世纪末，无数研究已经证实了我们的先辈们靠直觉得出的结论：某些特征是组合在一起出现的。比如，我们都知道，健谈的人比那些安静的人更有活力，但是这和他们是否更可靠没有什么必然的联系。再比如，那些有创造力的人看起来更冷静，但是很难说他们比其他类型的人更焦虑或者更稳定。

那么，我们该如何全面地评价一个人的人格特征呢？

20世纪80年代，研究人员在人格描述模式上达成了空前一致的见解，提出了人格的大五模式，这就是"大五人格"。这是目前最广泛、最牢固的用来组合个性特征的系统，曾有人将其称为"人格心理学中的一场革命"。

大五人格包括开放性、责任感、外向性、宜人性和神经质五种。

开放性：包括想象、审美、情感丰富、求异、创造、智能等特质。

责任感：包括胜任、公正、条理、尽职、成就、自律、谨慎、克制等特质。

外向性：包括热情、社交、果断、活跃、冒险、乐观等特质。

宜人性：包括信任、利他、直率、依从、谦虚、移情等特质。

神经质：也可以称为"情绪稳定性"，包括焦虑、敌对、压抑、自我意识、冲动、脆弱等特质。

## 辨别性格人品，有助于趋利避害

| 读人关键词 | 性格　人品　趋利避害 |
| --- | --- |

　　许多人认为，一个人的性格好，他就是一个好人，是一个人品好、可靠、可信赖的人；性格不好，就是一个人品极差的人。事实上，这是一个误解。性格好坏和人品好坏是两个截然不同的概念。

　　比如，有的男人看起来很粗鲁，甚至粗暴，他们脾气暴躁，一点就着，一言不合就大发雷霆，但是这些看似鲁莽野蛮的汉子，可能终其一生都不会对女人使用暴力；相反，一些看起来斯斯文文的男人，可能在暴怒之下会导致家庭暴力事件发生。

　　性格，是一个人的价值观和处世方法的综合表现。而人品，则显示了一个人的底线。有时候，人的性格和人品可能是互相矛盾的。现实中，我们也会发现：有的人性格不好，但是人品极好；有的人性格极好，但是人品却很差。所以，我们不能把二者混为一谈。

　　那么，一个人的性格和人品究竟该如何辨别呢？我们该如何通过辨别某人的性格和人品而趋利避害呢？

下面我们来看几种常见的性格人品，从中了解读人的诀窍。

## 一、谦逊随和的人——可与其共谋大事

谦逊随和的人具有"小自我、高自尊"的性格特点，"小自我"就是不那么自我，这就决定了他们会关注他人的想法，慷慨大气；而"高自尊"则代表很高的荣誉感和自信，他们总是严于律己，兢兢业业。

正是这样的性格人品，使得每个人都喜欢与他们相处、交往，与他们共谋大事。即使他们拿不出雄厚的资金，或者没有绝妙的点子，你也可以做到绝对信任他们、依靠他们，因为他们会尽自己最大的努力，以求不让别人失望。

## 二、自私自利的人——常独断专行

与谦逊随和的人相反，自私自利的人具有"小自尊、高自我"的性格特点。他们给人的第一印象通常比较好，让别人感觉他们有能力、有魄力，但是，他们有着死要面子、固执己见、掌控欲强的致命性格缺点。

与这样的人相处，是一件痛苦的事情。他们缺乏对他人的尊重和肯定，如果他人没有对他们有所付出，那么就是"有问题的"，他们就会有意无意地针对你；如果你与他们针锋相对，只会激起他们更加高昂的"斗志"。所以，对于这样的人，不妨把好心和建议收起来，离他们越远越好。

## 三、逆来顺受的人——难以担当大任

逆来顺受的人具有"小自我、高自尊"的性格特点，他们是

谦逊的，但是谦逊得过了头，表现为消极、不自信，严重缺乏安全感。一旦环境和人让他感觉不安全，他就会变得焦虑紧张，难以同心协力，以及担当重任。

与这样的人相处，我们要注意，不要挫伤他们脆弱的自信心，可以把一些简单而重复的任务交给他们。而一些重要的、决策性的工作，最好不要交给他们完成，因为他们潜意识中害怕犯错，这会使他们原本恐惧的心变得更加迟钝麻痹，甚至使他们产生逃避的行为。

### 四、轻诺寡信的人——不可深交

诚信是一个人最重要的资本，信守承诺的人受人尊重，但是轻诺寡信的人仅仅是为了应付眼前的事，对于承诺以后的事，他从不会认真考虑。这样的人，不值得我们信任。同时，我们也不要轻易许诺，帮助别人要量力而行，不要因为害怕丢面子而做出超出自己能力范围的承诺。

### 五、嫉贤妒能的人——不可委以重任

每个人或多或少都会有一些嫉妒心，这是一种正常的心理。但是，嫉妒心过重就不好了，这样的人容不得别人比自己优秀，对比自己强的人进行排斥和打击。对这样的人，是不能委以大任的，因为嫉贤妒能之人不仅会导致团队失去某个人才，还会打击到某个人或者某些人的积极性，甚至最终导致团队或企业失去诚信、和谐、机遇、稳定，乃至唾手可得的巨大成功。

知识拓展

## "本性难移"是真的吗

很多人都可能思考过这个问题：我的性格能改变吗？

性格的形成包括两个方面的因素，一个是遗传，另一个是生活经验或者环境。环境为人的社会性提供了释放的机会，任何行为只有放在具体的背景中才有意义。所以，人的本性可能不好改变，但是绝不是不能改变。

通常情况下，有两种方式可以改变人的性格。

角色转变：当人们被赋予新的角色后，性格会立刻发生变化，经过一段时间，他甚至会让人们忘了他原来的样子。

比如，当熟悉的同事升职后，我们可能会发现他的性格也发生了一定的变化，虽然私下还会一起开玩笑，但是一聊起工作，他就会变得严肃认真，一副领导的派头。心理学上将这种性格称为"角色性格"。

一般来说，这种心理学效应可以帮助人们努力扮演好自己的角色，甚至会激发出自己的潜能。当然，也会有当领导以后对老婆、孩子盛气凌人的负面案例，这种情况主要是角色切换不畅导致的。

主观改变：人格是最本真的自我，性格是环境下的外在表现。

大部分人可能会在短期内表现得和真实性格不一样，但是长期逆着天性行事，隐藏自己真实的性格，是一件非常困难的事情，有时甚至需要外部的刺激。

但是，当一个人改变自己的意愿非常强烈的时候，他会压抑自己的性格或者激发自己的性格，通过不断练习，使之成为自己习惯的方式并内化成标准行为，这也是可以做到改变性格的。

## ☆心理测试：测测你的人格和特征

### 测试题目

以下哪句话最能引起你的共鸣？

1. 我是好的。

2. 我拥有爱心。

3. 我是成功者。

4. 我是独一无二的。

5. 我什么都知道。

6. 我们大家要忠诚。

7. 我是充满欢乐的。

8. 让我来支配。

9. 我是和平的。

结果分析

| 选项 | 所属人格 | 性格特征 |
|---|---|---|
| 1 | 完美主义者 | 对事物有强烈的道德观，永远要求客观公正，注重细节和效率，组织能力极强，能将繁复的事情系统地处理好，是志气高远的理想主义者。 |
| 2 | 助人主义者 | 以别人的感受为先，能轻易体察人心，并给予协助，有"你快乐所以我快乐"的心态，经常一腔热忱地帮助别人。 |
| 3 | 成就主义者 | "成功"是你的生存目的，你会不断安排工作给自己，效率惊人，因此在未完成一件事前很少会被周遭的事物影响。追求与众不同，务求成为别人眼中的明星。 |

续表

| 选项 | 所属人格 | 性格特征 |
|---|---|---|
| 4 | 艺术主义者 | 　　不断追求独特性，容易在打扮或才华上表现出来。拥有过人的创造力，对美感有独特的追求。敏感，对不幸的人充满同情心，会抛开自己的麻烦去支持别人。 |
| 5 | 智慧主义者 | 　　冷静内敛，常能客观分析环境，心思缜密，酷爱资讯及知识，通过探讨抽象的观念而获得充实的感觉，不喜与人打交道，专心做事，不会有太大的感情起伏。 |
| 6 | 忠诚主义者 | 　　经常觉得世界是危险的，为人谨慎，对新事物容易恐惧不安。希望在团体中得到安全感，并忠于可信赖的权威。 |

| 选项 | 所属人格 | 性格特征 |
|---|---|---|
| 7 | 活跃主义者 | 热情活跃，爱与人开玩笑，头脑灵活，想象力强，能突发奇想，提出令人意想不到的点子。喜欢多姿多彩的生活、新鲜的事物。 |
| 8 | 领袖主义者 | 富有领导才能，喜欢带领、帮助及保护别人，决策效率高，凡事先人一步，面对困难时会将其视作一种挑战。 |
| 9 | 和平主义者 | 希望所有人能和平共处，害怕引起冲突，能平和接受不同意见。生性友善，不好竞争，能站在中间为对立的双方说话。 |

# 第九章

## 摒弃不当的识人方式，避免"看走眼"的尴尬

有人抱怨："我以为他会很好，结果他却是这样的人。"这就是看人看走眼了。读人的关键不仅在于学会读人的要领和策略，还在于识人方式是否恰当。识人不当，只会白费功夫，却不能看清一个人的真面目。

## 警惕晕轮效应，克服以偏概全的弊端

| 读人关键词 | 晕轮效应　以偏概全 |

20世纪20年代，美国著名心理学家爱德华·桑戴克在长期研究中发现，人们对他人的判断和认知大都是从局部出发，由一个点、一个面而扩散得出对某人的整体印象，也就是人们常说的"以偏概全"。如果一个人被贴上了"好"的标签，他身上就会被一层积极肯定的光环笼罩，并被赋予一切好的品质。相反，如果一个人被贴上了"坏"的标签，他身上就会被消极否定的光环笼罩，并被认为具有各种不好的品质。这就像刮风天气来临前的夜晚月亮周围出现的圆环（即月晕），其实那不过是月光被扩大化了而已。据此，爱德华为这一心理学现象起了一个贴切的名字，叫作"晕轮效应"。

在爱德华看来，人们对他人的认知或者人们的识人逻辑很容易受到晕轮效应的影响，对他人的印象，或者被好的光环笼罩，或者被坏的光环笼罩，极易走极端，所以常常在识人看人方面出现很大的误差，尤其是考虑到人性中所具有的复杂性和社会性。

那么，我们在识人看人时如何做才能避免受到晕轮效应的影响，克服以偏概全的弊端呢？

**一、削弱"第一印象"**

两个素不相识的人，初次见面后各自内心会形成对对方的直观感觉，这在心理学上被称为第一印象，其由于先入为主的特点，所以常常比较深刻，会对双方以后的交往产生一定的影响。

然而，初次接触对个人的判断有着一定的局限，而且第一印象大多是由外在的信息得出的结论，甚至很多具有一定的虚假性。而让问题变得复杂的关键又恰恰在于，人们从初次接触中获得的关于某人的信息会影响以后获得的信息的解释方式。第一印象一旦形成，以后获知的信息只能退居二线，充当补充和解释的角色。这就是晕轮效应产生的温床。所以，要想摆脱晕轮效应的影响，我们首先要学会冷静、客观地看待对某人的第一印象，做好改变甚至否定第一印象的思想准备。

**二、克服"投射倾向"**

有的人天生一副菩萨心肠，总是用善意的眼光看待别人。有的人则总是恶意揣测他人的一言一行，总是认为别人"别有用心"，这其实是由于他们自己的猜疑心过重。这种将自己的某些心理特征附加给他人的心理学现象，就是所谓的"投射倾向"。如果我们对自己的"投射倾向"不加注意，不经常对其进行清醒的、理智的自我反思，那么很可能就会产生晕轮效应，产生各种偏见。

### 三、克服"刻板印象"

"刻板印象"就是所谓的类化作用，按照预想的类型对人进行分类，并为不同人群贴上标签，按图索骥。比如，认为教师都是一副文质彬彬的形象，总是把商人和"唯利是图"联系起来，等等。这种分类方式虽然有利于对某一类人进行简单概括的了解，但是也容易产生一定的偏差。刻板印象的形成并非基于认识对象本身的真实信息，有时还是由于偏见的合理化，所以，刻板印象与晕轮效应有着不解之缘，也是导致认知失真的一个源头。正因如此，我们要想对他人形成确切、深刻的认识，就不要忽视人的复杂性，并应及时、不断地修正头脑中因为刻板印象而形成的假象。

### 四、避免"循环证实"

心理学研究证实，一个人对他人的偏见，常会得到自动的"证实"。比如，你对某人产生了怀疑，久而久之，对方发觉了，他必然会产生离心和戒心。对方的这种情绪的流露，反过来又会验证你自己当初猜想的正确性。这就是心理学上所谓的角色互动和双向反馈。这就是说，一方感情的偏失导致对方产生感情偏失，这反过来会加深己方感情偏失的程度。这样不断循环证实，只会让双方陷入越来越深的偏见中，像是走进了晕轮效应的迷宫而无法走出。这就提醒我们，当看某人不顺眼，怀有成见的时候，不妨先检讨一下自己的态度和行为是否受到晕轮效应的影响，如果是，就要自觉走出晕轮效应的迷宫。

**知识拓展**

## 关于晕轮效应的著名实验

　　美国心理学家凯利曾以麻省理工学院的两个班级的学生为实验对象，做了这样一个有趣的实验。在上课之前，实验者向学生们宣布，他将会临时邀请一位研究生为他们代课，并告知了学生关于这位研究生的一些情况。他向其中一个班级的学生介绍说，这位研究生具有"热情、勤奋、务实、果断"等优秀品质；对另一个班级的学生介绍的信息除了将"热情"换成了"冷漠"之外，其余的用词则是一模一样的。

　　一段时间过后，凯利特意调查这两个班级的学生对新导师的印象。结果显示，第一个班级的学生对新导师一见如故，经常与之互动；而第二个班级的学生对新导师没什么好感，甚至敬而远之。

　　由此可见，仅仅由于介绍中的一词之差，就影响到了学生对新导师的整体印象。学生们戴着这种有色眼镜去观察新导师，使得他被罩上了不同色彩的晕轮。

## 消除定势效应的影响，保持实事求是的态度

| 读人关键词 | 定势效应　更新　第一印象 |
|---|---|

人们在初相识的几分钟，甚至仅仅几秒钟之内，就能收集到大量通过观察得到的信息，包括年龄、性别、种族、身体特征、谈吐等。接下来，在交谈中，我们会渐渐了解到这个新朋友的其他方面的信息，如他的学历、婚姻状况、孩子（有无孩子以及孩子数目、性别、年龄等）、职业、嗜好等信息。这些信息正是识人需要获取的第一层信息。

第二层信息主要是通过观察得出的关于对方身体特质方面的信息，但是需要进一步解读，所以比较主观一些，如肢体语言和谈吐的含义，语调透露的意义，某些特殊行为的重要性，等等。

第三层信息，也就是最终得出的关于对方性格方面的结论，它是通过对前面两层信息进行分析后得出的综合性信息。比如，这个人的言行是体贴的还是粗鲁的？他是慷慨的还是吝啬的？他的脾气是暴躁的还是温和的？他是勤奋的还是懒惰的？

以上这些信息都将成为了解一个人的重要资料。但是，要知道，第一印象仅仅是第一印象，并不能代表一个人的全部，何况大多数人都会努力给人营造一个出色的第一印象。所以，当有更多的时间、资料和机会去深入了解一个人时，我们就应该以开放的心态审视并修正自己对他的第一印象。否则，我们可能就会漏掉关键线索，背道而驰。

之所以会出现这种情况，其实和一种常见的心理学效应有关，这种心理学效应就是定势效应。

定势效应指的是人们受既有信息或者认识的局限，若长期在某种环境下工作和生活，就会逐渐形成一种固定的思维模式，这种思维模式会使人们习惯于以固定的视角来认识和思考事物，并以固定的方式来接受事物。

在看人识人方面，人们受定势效应的影响非常大，很多人会因此而丧失客观的识人能力和识人态度。如果自己曾和某人打过交道，对其有一定的了解，或者积累了相关的经验，就会容易产生先入为主的想法。比如，某人有过偷东西的经历，当大家的东西被盗后，大家就会认为一定和这个人有关，并发现他所有的语言和动作都存在很大的嫌疑；当大家认为某人是始作俑者的时候，就会认为他所有的微表情都在显示他的心虚；等等。

此外，定势效应还是产生社会偏见的一个重要原因，主要在于人们遇事缺乏独立的判断能力，这种独立的判断能力包括表现为横向的"同其他人的想法"相区分的能力，以及表现为纵向的"同自己以往的经验"相区分的能力。

这两种独立的判断能力是确保个人消除定势效应影响的关键。这就提醒我们，在识人的时候，要想保持实事求是的态度，就要注意遇事要就事论事，不要将其同他人的想法和以往的经验混淆在一起。

这就是说，我们在看人识人的时候，要保持客观的态度，不管自己有过什么样的经验和体验，也不管别人给予我们什么样的提示和暗示，我们都要将其作为后续的参考，而不是作为先行的结论。在判断之前要做实际的接触和分析，观察对方的言行举止，并对其进行深入剖析，了解对方的真实想法和动机，然后再根据他人的观点和以往的经验进行综合判断。

## 知识拓展

### 两种常见的识人误区

我们在识人时常常会出现看走眼的情况。比如，有的人看起来很老实，但是时间长了，你会发现他是一个心术不正之人；有的人看起来坚强有韧劲，但是私底下却是懒怠懒散的；有的人看起来很温和，其实性格很强悍；等等。所以，我们在识人时，一定要防范定势效应的影响，看清对方真实的一面。

以下是两种常见的识人误区，我们要极力避免。

"外表无害的人值得托付。"很多人认为那些看起来无害的人很可靠，值得托付，其实这是一种识人误区。有些人在表面上会对我们做出一副毕恭毕敬的样子，殊不知，他们对所有比自己强的人都是这种态度。我们与他们交往时往往会松懈，但是他们往往会有所图，所以，对这样的人绝不能掉以轻心，他们不一定值得托付。

"能言善辩的人有真才实学。""纸上谈兵"就是一个典型的例子。很多人就是仅凭三寸之舌就赢得别人的信任，最后却由于总是把事情搞糟，而失去了对方的信任。因此，我们在识人用人的过程中，不仅要看他如何说，更要看他如何做，也就是考察他是否具有出色地完成一件事情的能力。

## 保持客观性，当心情感羁绊蒙蔽了双眼

**读人关键词**　情感羁绊　客观性

　　诸葛亮在《前出师表》中以一句著名的话"亲贤臣，远小人，此先汉所以兴隆也；亲小人，远贤臣，此后汉所以倾颓也"，告诉皇上应该亲贤远佞。

　　其实，在用人方面，自古以来都存在任人唯亲这样的现象。

　　有位心理学家做过一项调查，他调查了350位企业管理者，结果发现其中多达259位管理者在提拔员工时会优先选择和自己更亲近的人。尽管这些管理者声称自己的处理非常公正，并没有因为私人关系而受到影响，而且在大家的监督之下，他们会尽可能地提醒自己按照流程和规章制度办事，可是，最终的结果依然充满了争议。

　　尽管这位心理学家相信部分管理者确实在努力做到公平、公正、客观，但是这实际上并不能起到多大作用，亲属关系依然会对个人的思维方式产生一定的影响。他在调查研究中发现，许多管理者在潜意

识中会倾向于提拔那些和自己更熟悉且关系更好的下属。比如，员工甲和员工乙具有相近的工作业绩和工作能力，他们年龄相仿，而且工作经验和年限也相差无几，但是由于员工甲和管理者的关系更密切，所以在提拔人才的时候，管理者最可能做出"甲更适合"的决定。

不管是有意还是无意，人们都更加倾向于依靠亲疏关系来看待和分辨一个人是好还是坏，常常对与自己关系亲近的人更有好感。即使有时会提醒自己一定要放下私人感情，但是在潜意识中，对亲疏关系的信任已经对人们的思维方式产生了不容忽视的影响。

在生活中，我们会发现很多类似的现象：当一个人评价两个朋友时，总是感觉和自己关系更亲近的那个朋友更有人格魅力；父母常常会认为自己的孩子长得更好看，更乖巧可爱；某人要招聘一个员工，但是应聘的人是朋友的女儿，他就会无视她的基本缺陷……虽然这些情况不是绝对存在的，但是多数时候的确如此，人们倾向于对与自己更亲近的人产生更好的印象。

斯坦福大学教授马克·格兰诺维特曾经将人际关系分为"强关系"和"弱关系"。所谓"强关系"，指的是属于同一生活圈和工作圈的人际关系，包括家人、亲人、朋友、同事，以及有着共同生活经历的同学，都属于强关系的范畴。相对而言，那些在生活圈和工作圈之外的人际关系就属于弱关系，有着这种关系的人往往是不熟悉或者不很熟悉的，比如，朋友的朋友、朋友的同事就属于这种关系。

那些处于强关系中的人更容易通过人际关系来提高印象分，这就涉及感情上的私心。换句话说，人们都会或多或少照顾和自己关系亲近的人，会认为他们更有魅力，认为对他们了解更深，并觉得他们更能给自己带来安全感，所以在做出选择时会将自己的利益考虑在内。比如，在涉及人事任免和奖惩措施时，人们通常会根据对自己最有利的方案做出选择。

这就违背了看人与识人的一个重要原则——保持客观性。

毋庸置疑，我们每个人都会对他人产生爱意、友谊、轻蔑甚至憎恨的感情，这些感情都可能会妨碍识人的客观性。对于自己喜欢的人，我们不愿意去想他的缺点；对于自己讨厌的人，我们不愿意从他们身上找优点。而且更麻烦的是，大多数人都不喜欢改变，为了自身的安全和方便，常常会为自己绑定一个情感羁绊——维持现状。正因为如此，我们在对别人做出判断时才会失去应有的客观态度。

一旦我们与某个特定结果产生了情感羁绊，想要保持客观就会非常困难。羁绊越深，感情用事的倾向就越严重。虽然我们不可能每次都能成功避免在感情脆弱的时候做决定，但是既然意识到了这种陷阱的存在，我们就应该想办法避开它。

**知识拓展**

## 四种失去客观性的最常见状态

大部分客观误差都源于某种程度的认知失调或者妄想，虽然要彻底改变很难，但是我们可以尽量克服这种认知倾向。

为此，我们需要了解会让人产生这种认知偏差的几种状态，它们分别是情感羁绊、需要、恐惧和防御心理。这里着重介绍一下后面几种状态。

谈判界有句行话："最想成交的人最吃亏。"很多时候，我们会为了自己的需要而做出妥协。比如，孩童时期，担心迟疑会让大人改变主意，所以宁愿接受一辆破旧的单车，也不愿等待晚些才能送来的全新的单车；再比如，一个着急用人的老板可能会聘请第一位勉强够格的面试者，但是他会在2个月之后又翻看同一个职位的应聘者的简历。这就是"需要"导致认知偏差的例子。

恐惧是一种植根于人的本能的情感，它对读人能力产生的影响既难以估量，又无法彻底清除。比如，我们不敢辞掉工作，因为害怕找不到更好的工作；我们不敢结束一段恋情，因为害怕找不到更好的对象；我们不敢管教孩子，因为害怕孩子会跟自己疏远。虽然我们不能驱除恐惧，心清目明地读人，但是我们可以压制恐惧，甚至利用它来帮助我们准确地读人，不过前提是要明白自己究竟在怕什么。

一个人在心平气和的状态下能够保持耳清目明已经很困难，在受到攻击时更难做到这一点，但是这时是最应该保持头脑清醒、保持客观的时候。要想做到这些，唯一的办法就是遏止防御心理，彻底理解自己需要回应的对象是什么，从而使自己回应的效果大幅转好。

## 用人要谨慎，不要因一事一时而误判人

| 读人关键词 | 全面看人　用人　长处　短处 |
|---|---|

在识人问题上，用人者尤其要谨慎，一定要从客观实际出发，多层次、全面地去考察、了解人才，不要因一事一时的成败而去评判一个人。

全面地看人，就是要把一个人的优缺点、成就与失误等方面结合起来进行全面的考察，把他在各个方面的表现和情况联系起来，从整体上把握此人的本质和主流特征。

著名的管理专家杜拉克说过这样一句话："一个聪明的经理审查候选人绝不会首先看他的缺点，选拔人才时至关重要的是要看他完成特定任务的能力。"

三国时期钟会的故事就说明了这个道理。

钟会是一名出色的谋士，在他7岁那年，他的父亲就带着他和他的哥哥去见魏文帝曹丕。他的哥哥见到曹丕的时候，显得十分惶

恐，汗流满面；而钟会却表现得从容镇定。

曹丕问钟会的哥哥为什么会出汗，他回答道："战战惶惶，汗出如浆。"曹丕然后问钟会为什么不出汗，钟会答道："战战栗栗，汗不敢出。"

听了他们兄弟两人的回答，曹丕和司马懿对钟会的才华表示惊叹。钟会长大以后，逐渐展露出自己的才华，深得魏帝的赏识。

试想，如果当初曹丕从钟会的"不流汗"中看到的是他的野心，那么，他非但不能脱颖而出，得到重用，反而还可能面临各种打击和胁迫。

事实上，每个人都有自己的长处，也有自己的短处，只要能扬长避短，这世间就没有不可用之人。从这个层面上讲，管理者的识人用人之道，着眼点应该放在识人之长上。

无独有偶，唐代著名诗人柳宗元在《梓人传》中讲过一件类似的事情。

一个叫杨潜的"二把刀"木匠，连自己的床都修不好，却声称自己会建造房屋。柳宗元对此深表怀疑，认为他是一个喜欢吹牛的家伙。

后来，柳宗元在一个大型造屋工地上又见到了杨潜。只见他正在自信从容地发号施令，指挥若定，众工匠在他的指挥下挥汗如雨，奋力做事，现场秩序井然，有条不紊。

见此，柳宗元大为惊叹。

这个故事同样说明了这样一个道理：用人者在识人时，如果先看一个人的长处，就能让他充分施展自己的才能，实现他的人生价值；如果先看到的是一个人的短处，那么很可能会忽视他的长处和优势。

这就是说，用人者在用人之长时，也要能容人之短。人的短处无非表现在两个方面：一是人自身素质中的不足之处，二是人所犯下的某些过失。一般来说，才能越突出的人，其缺陷也就暴露得越明显。比如，有才干的人往往恃才傲物；有魄力的人常常会打破常规，不按常理出牌；谦和的人大多是胆小怕事的人；等等。再者，错误和过失是每一个人都不可避免的人生经历。

因此，如果不能容忍、宽恕人才所犯下的一些小过错，就可能会埋没人才，那么世间就几乎没有人才可用了。

**知识拓展**

### 从整体上把握识人的几个要点

很多人会说自己当初看错了人，或者抱怨自己被他人误解，其实这些现象往往源于人们片面的分析和判断。人们往往执着于他人身上某一方面或者某一时期的特征，却忽略了人类自身的全面性和复杂性。从心理学分析的角度出发，看人需要尽可能保证整体性，这应成为一个基本原则。

为此，我们要掌握以下几个要点。

一要全面地看人。每个人都是复杂的个体，性格的模糊性、情绪的起伏变化、角色的多样性、能力的差异化、生活的丰富程度，都会使不同的人身上呈现出不同的特质。所以，我们在看人识人的时候，应该从整体上进行把握，不能以偏概全，将他人身上某一个优点、缺点或者某一方面的特质当成其个人形象的象征。

二要用变化的眼光来看人。任何人都是处在不断发展、变化中的，可能会呈现出各种状态，所以在评价一个人的时候，不要用机械的、停滞的眼光来看人，而要用历史的和发展的眼光来看待人们在工作、生活和情感中的动态变化和趋势。

三要在实践中识人。许多人在识别和评价一个人的时候，常常凭借一些固有的理论知识就做出评价，如道听途说等。事实上，仅仅依靠理论知识，根本无法准确了解对方究竟是什么样的人。想要更清晰、更客观地了解一个人，最好是在具体的实践活动和接触中进行把握。

# 擦亮双眼，辨识真正的朋友

| 读人关键词 | 真正的朋友　判断标准　表现　态度 |
|---|---|

　　朋友关系是每个人一生中不可或缺的人际关系之一。很多人喜欢结交朋友，而且看似有很多朋友，但是他们往往分不清哪些是真正值得结交的朋友。正是因为缺乏识人能力，他们在交友的过程中容易受到感情伤害，遭遇"交友不慎"的尴尬。

　　那么，我们如何识人才能结交到真正的朋友呢？这有三个判断标准，即"三看"标准。

## 一、看他对待朋友犯错的态度

　　这是识别真正的朋友的第一个标准。每个人都会犯错，身边人能否及时指出这些错误并进行批评，是衡量友情的一个判断标准。

　　有的人在朋友犯错时，及时进行提醒，督促对方尽快改正错误。如果朋友执迷不悟，他还会对其加以制止，避免朋友走上歧途。这类人内心非常善良，他们真正为朋友着想，把朋友的事情当成自己的事情来对待。他们通常是极好的伙伴，是值得深交的朋友和知己。

相反，还有一些人，在朋友犯错的时候，往往视而不见，甚至还有意无意地帮助朋友掩盖错误。这类人看似"讲义气"，愿意站在朋友的立场为其说话，但是他们大多是损友，对朋友缺乏关心和责任心，他们的纵容很可能会将朋友推向深渊。

事实上，真正的朋友是两个人相互促进、相互监督、共同成长的，他们之间相互欣赏、相互鼓励，在适当的时候会相互批评、指正。对双方来说，如果真的为朋友好，那就应该让他始终处于人生的正轨上，自己扮演一个"称职的监督者"的角色。

## 二、看他对待利益的态度

常言道，利益是检验人心的试金石。当然，友情也不例外。在日常生活中，很多人会和朋友之间发生利益上的关系，可能是一起做生意，或者合作进行某个项目。

人性的自私和贪欲使得有的人对利益斤斤计较，甚至不惜为了自己的利益而出卖和损害朋友的利益。这类人只是把朋友当作满足自己私人利益的工具，他们是唯利是图的生意人。他们显然不适合深交，因为和他们有任何利益牵扯都可能会给自己带来麻烦。

而真正的朋友从来不把利益看得很重，他们更重视和朋友之间的感情，并认为友情是支撑双方关系的基础。所以，在很多时候，他们愿意为朋友让出利益，为朋友无条件付出，而不会收取任何酬劳。

## 三、看他在你陷入逆境时的表现

要想验证一个朋友对自己是否出自真心实意，看他是否真的值得信赖和交往，还有一种检验方法，那就是，当自己的生活或者工作陷入低谷或者困境时，看看他的反应如何。

一般来说，在人们陷入困境之后，那些一如既往出手相助，并给予精神上的鼓舞的人都是非常值得信赖的朋友，他们对朋友比较真诚，愿意付出自己的真心。

当然，还存在一些只能共富贵的朋友，他们往往比较势利，利益至上，将朋友当作满足自身利益和需求的工具，一旦对方失去了价值，朋友关系也就不存在了。所以，在朋友一时失势或者陷入某种困境时，他们就会刻意与朋友疏远，不怎么和朋友说话、交往，甚至撇清关系，生怕朋友向自己求助，使自己受拖累。

上面三点是判断和辨别一个人是否值得深交的重要标准，也是帮助自己甄选和优化朋友圈的一种重要方式。根据这三个标准，我们可以有效辨识真正的朋友，并排除生活中那些虚情假意的朋友。

**知识拓展**

### 识别不能结交的几种人

交朋友是人的生活中十分重要的内容之一。好的朋友是人生中最重要的一笔财富，会成为个人成长最大的助力。但是，如果交到不合格的朋友，他身上所附带的大量负能量，可能会误导人们的思维和想法，阻碍人们的进步。所以，我们在交友时要擦亮眼睛，辨别真假朋友，争取打造一个优质朋友圈。

那么，哪些朋友是不可结交的人呢？以下几种朋友，最好敬而远之。

不懂礼貌之人。懂礼貌的人往往会受到他人的欢迎，他们能很好地处理人际关系，能塑造良好的个人形象。而那些缺乏礼貌的人很容易得罪人，失去别人的尊重，他们粗俗且无礼的表现常常使人产生逃避心理。

忘恩负义之人。人际关系往往具有双向性，一个人对别人好，才能获得对方的尊重和积极回馈，当然，对方的良好表现也能获得同等的回报。可是，那些忘恩负义之人打破了人际关系中的这种双向平衡，也破坏了人与人之间最基本的信任。这样的人是最不值得交往的人。

缺乏责任感之人。这类人大多是"事不关己，高高挂起"的自私之人，他们对家庭、对工作缺乏应有的尊重，而且没有公德心，对不涉及个人利益的事情毫不关心，而且常常将责任推给他人。通常情况下，他们的人际关系很糟糕，家庭矛盾重重，和同事的关系也不好，做人很失败。

口是心非之人。交友最重要的法则就是真诚，而真诚最大的特点是心口如一，简单来说，就是说到做到，不能出尔反尔。而口是心非之人往往喜欢反悔，嘴上说一套，做的时候又是另外一套，这样的做法往往会伤害他人的感情，而且也会失去别人的信任。

## ☆心理测试：你想成为怎样的人

每个人都有不同的人生追求，以下测验可以帮助你了解自己潜意识中最强烈的欲望。

### 测试题目

盘上有五种颜色的糖果，你会先吃哪一种颜色的糖果呢？（不同颜色的糖果，代表着不同的特殊意义，从你选了何种颜色的糖果，便可以推测你关于未来的梦想和希望）

A. 白色

B. 黄色

C. 粉红色

D. 黑色

E. 绿色

### 结果分析

A项：选择白色的人，内心渴望长生不老，想要拥有如刚出生的婴儿般的生命力和健康的身体。换句话说，长生不老是你在潜意识中的希望。另外，你对有皱纹和长白发都很在意，总是喜欢把自己打扮得更年轻一些。

B项：选择黄色糖果的人，是追求强烈欲望与感官刺激的人。你的生活目标很简单，就是穿漂亮的衣服、吃好吃的东西。要满足这些物欲，就要有金钱作为支撑。所以，你的梦想是成为有钱人。

C项：选择粉红色糖果的人，内心渴望狂热的爱情。粉红色代表着恋爱与亲密。你所追求的是一场热恋，即使自己已经上了年纪，也期待能再有一场轰轰烈烈的爱情。

D项：选择黑色糖果的人，内心渴望至高权力。黑色代表权势，你正热切地追求着权力与支配他人的力量，内心总想着要独霸一方。所以，你有时会表现得非常努力，本质上就是想成为成功人士。毫无疑问，这类人有着强大的野心。

E项：选择绿色糖果的人，内心渴望成为聚光的焦点。绿色代表的是表现欲，你善于进行口舌之辩，常令旁人望尘莫及，可以说是天生就喜欢引人注意；你想成为一位名人，甚至成为大明星，这正是你未来的梦想。

# 附 录
## APPENDIX

## 网络时代，如何看透屏幕背后的另一副面孔

在现代社会，人与人之间的联系越来越紧密。一个不争的事实是，电脑、手机等新科技设备已经成为人际交往的重要工具，虽然你手机里的联系人越来越多，但是你们进行面对面接触的机会却越来越少。

很多时候，我们与某人的接触仅限于往来的电子邮件和对方的网址所显示的个人信息。它的劣势很明显：我们很可能弄错对方的形象。

很多人喜欢通过电子邮件来与他人联系，甚至将其作为取代电话联系的主要沟通手段。在频繁的邮件往来中，你的心里已经认定他是一个熟悉的人了，还可能已经在脑海里勾勒出他的形象，然而，当在现实中和他相见后，你可能震惊地发现，他完全不是你想象中的模样。比如，很多人在电子邮件中措辞严谨，礼仪周到，但是在现实中，本人却十分粗俗无礼。事实上，你不仅会弄错他的形

象，甚至可能会连他的性别都猜错。

这是为什么呢？是因为我们从文字中得到的信息是有限的，还会错过许多见面时可以从面部表情、肢体语言及语速、语调转换停顿等方面透露出来的信息。还有一种可能是，你所看到的邮件并不是对方本人回复的，而是他人代为回复的。

以下表格列出了使用线上、线下的沟通手段在获取对方准确信息上的区别。

### 线上、线下读人的区别（是否能够获取准确信息）

| | 个人外表 | 肢体语言 | 语速语调 | 沟通风格 | 沟通内容 | 行动 | 环境 |
|---|---|---|---|---|---|---|---|
| 见面沟通 | 是 | 是 | 是 | 是 | 是 | 是 | 是 |
| 电话沟通 | 否 | 否 | 是 | 是 | 是 | 否 | 否 |
| 线上沟通 | 否 | 否 | 否 | 是★ | 是★ | 否 | 否 |

★前提是线上回复你的人就是那个你以为正在与你沟通的人。

由此可见，如果你把线上沟通作为唯一的沟通方式的话，那么你所能读到的关于对方的就仅仅剩下"沟通风格"和"沟通内容"了。

虽然通过线上沟通来读人存在一定的缺陷，但是它作为一种沟通方式，已经成为现代人生活中不可或缺的一部分。所以，我们要透过冷冰冰的电子屏幕，学会在线上读人。

事实上，除了文字以外，我们还可以从其他方面来了解对方的信息，比如他的电子空间中的照片、个性签名、链接和网址图片，电子邮件中的字体、格式、符号等信息，都可以成为你评判对方的依据。

### 一、线上照片

想要查看沟通对象的相貌，除非直接视频，否则只能依靠他电子空间里的照片了。可是，那些照片并不靠谱，往往是经过艺术加工的或者是摄影师拍的职业照，并不能展示他的真实相貌。

这就告诉我们，线上照片就是电子空间里的面具，充满了各种歪曲和欺骗的可能性，甚至让人无法分辨照片中的人是不是与我们沟通的人。

因此，不要轻易相信对方的照片所展示的信息，更不能凭借照片就对对方产生信任，达成某种交易，甚至与对方产生情感纠葛。

### 二、线上表情

线上照片具有很强的欺骗性，照片中人物的肢体语言，如双手交叠、抱起双臂、双腿交叉等姿势，也很可能是摆拍的需要。因此，通过这些来解读人的肢体语言，都不太可靠。

因此，人们发明了一些搭配文字的表情，如"大笑""无奈""难过""哭笑不得""熊抱"等表情，用来描述自己的肢体语言。不过，与人们在线上聊天时主动表露出来的肢体语言相比，面对面交流时做出的肢体动作常常是无意识的，是自然流露的，所以具有更大的预测价值。

而线上由发送者发出的肢体语言，则按照其内容来分析更为合适。

与此同时，我们还可以从对方使用的表情中，来获得一些其他方面的信息：他们若在电子邮件中使用，表示他们的通信风格很随意；这暴露了他们的年龄，因为年长者并不熟悉这些表情；等等。

更有甚者，还可以根据接收信息的对象，来判断他们的专业水平和判断力水平。比如，如果一位广告公司主管在写给新上任的高管的电子邮件中使用了一些肢体语言表情，那么这个高管可能会对这个主管的判断力产生怀疑，甚至据此怀疑他的工作能力。

### 三、线上语言

在网上聊天时，我们可以选择一些符号来模拟说话语调。比如，通过问号、感叹号、类似星号等标点符号来增强说话时的语气，还可以让聊天变得更轻松；将某些内容加上圆括号，表明发送者认为其中的内容不如消息中的其余部分重要；将某些谈话内容加上下划线，或者字体变为粗体、斜体等，可以表达在口头沟通时用抑扬顿挫的变化来表达的强调和感情；等等。

乍一看，使用线上语言沟通能够让人获得和直接倾听时同样多的线索，但是这并不准确，因为无意识的语调变化比言辞更可靠。而且，大多数人都是既没有时间，又没有耐心来将文字设置成加粗或者改为斜体的。

因此，如果事情比较重要，那么就算是打个电话去讨论，也比发一封邮件更可靠。

### 四、线上沟通风格

与口头沟通类似，我们同样能从对方的沟通风格中得到一些线索。比如，如果一个人给对方发了一封长篇大论、花里胡哨的电子邮件，而对方只回复了一个字，那么这个人就会很生气，感觉对方明显是在敷衍自己。对方也会很生气，因为他感觉自己陷入了一大堆没用的信息轰炸之中，这既占用了电脑内存，还浪费了自己的时间去阅读那些信息。于是，两个人都对对方产生了负面看法。这其实仅仅是因为二者的沟通风格不同。

在现实生活中，我们不能仅仅根据某人的沟通风格就对他做出判断，而应考虑对方发送这封电子邮件的环境。如果用手机发送，他很可能就不会输入这么多字，而只是简单地说几句。简短的回复，还可能表示他在忙什么事情，只能长话短说。因此，在进行网络沟通时，我们应将沟通风格放在环境、情境中进行分析，不要轻易对对方做出判断。

### 五、电子环境

假设这样一个情景：你刚开始从事一份新工作，并且刚刚接受了一个重要的新任务。这天早晨，你刚打开电脑，就收到了新老板给你发来的电子邮件，内容是完成新任务的具体指示。当你读完邮件的时候，忽然发现一个重要的信息：邮件发送时间为凌晨三点钟。

这其实是一个关于新老板及其优先级的重要情报。这个发现可能比电子邮件的内容更有价值。从邮件发送的时间就可以推断，你的新老板要么是无药可救的失眠者，要么是一个工作狂，而且后者的可能性更大一些。这是因为，通常失眠者会尝试通过一些助眠安神的活动如听一段轻柔的音乐、喝一杯温牛奶等来帮助自己入睡，只有极少数人会在半夜三更拿工作来安慰自己。

深夜还在工作的人非常重视自己的工作，可能期望员工同样重视工作。此外，你还要留意，他的邮件有多长，是只发给你一个人还是进行了群发？如果你能断定新老板经常晚上工作到深夜，第二天还能在8点钟就坐在办公室，那么，你大致可以推断，他不会是那种理解并认可迟到、早退，或者申请加班的人。

不过需要提醒你一点，虽然通过这些蛛丝马迹，你可以大致推断某个人的情况，但是在电子时代，你其实是无法确定对方发出电子邮件的确切时间的。所有电子邮件的时间戳都是在邮件发出的那一刻才打上的。再加上目前还没有什么可靠的手段来判断电子邮件的发送地点，所以你可能会在不知不觉中和处于另一时区的人通过电子邮件进行交流。

在虚拟的电子空间里，每个人都极力展示自己完美的一面，照片是精心挑选的、美化过的图片，个人主页中所展示的信息也是对方希望你看到的内容。这样的话，你就可以通过他精心挑选的信息、图片和链接来了解其个性方面的情况，还可以从中了解他在无意中泄露出来的情报。

举例来说，假如一个人的主页上最显眼的是"联系我"按钮，那么他可能表达了一种较强的与人交往的愿望；假如主页最显眼的位置是一大堆令人眼花缭乱的证书，则可能代表他缺乏安全感或者判断力低下。

此外，我们还可以通过某人使用和依赖科技工具的程度以及所使用的科技工具的类型，来了解他更多的信息。比如，有的人坚持不用个人笔记本电脑，不随身携带手机，这表明他们不希望自己的人际交往受到干扰，他们重视人际关系，认为交往的质量比数量和速度更重要。所以，若与这类人合作，最好不要发电子邮件，有事可以当面交谈。

再比如，有的人生活中离不开科技，他们会在工作会议期间接听电话，甚至不愿起身，直接在会议室里对着电话简单说几句。对于这样的做法，他们认为这再正常不过了。但是，有的人却认为这种行为很失礼，即使是会议期间隐蔽的发短信行为，也会表明你的优先级在别处，而且判断力很差劲。这种行为甚至还会让人感觉这个人比较自私，毫不在乎自己对他人会造成干扰。

# 后 记
## POSTSCRIPT

## 警惕！被过度解读的身体语言

在生活中，你是否总是因为没有参透对方说的话的真实意图而接不上话？是否会因为摸不透对方的心思而害怕与他交往？是否会因为找不到打开人心的突破口而愁眉不展？是否会因为人际交往中种种不愉快的经历而烦恼不已？

事实的确如此。人们常说，人心是最难懂的。如果没有一套看透人心、识破人性的过硬本领，我们可能会处处碰壁，无法驾驭各种人情往来，在人际较量中败下阵来。

本书全面、详尽地为读者介绍了各种识人的方法，帮助读者从头到脚、从外表到内在看透一个人，了解他的性格特征和心理状态，为读者打开一条看人、识人的通道。然而，由于人际关系具有复杂多变性，常常会因时、因地、因人、因事而发生变化，所以我们在运用这些心理学知识的时候要结合实际情况，做到举一反三、活学活用。

此外，我们需要注意，不要对对方的身体语言进行过度解读，因为这和不重视身体语言一样，对自身不利。

身体语言的解读通常与观点、谎言密切相关，而这中间最容易引起混淆的是"压力情绪"。这就是说，我们在处于压力中或者无聊的时候，常常会不断重复一个或者多个动作，比如，不停地摸头发、抖动身体、撕纸等，这些都是在压力状态下会出现的下意识动作。这些行为通常出现在人们情绪比较紧张的时候，如面试时、会见重要人物时，以及其他一些重要时刻。只有这些时候，人们才会做出这些小动作，表现出自己的焦虑情绪。在其他时候，我们还是不要对此过分解读。

此外，还有一种情况，就是由于自身服饰的限制，人们可能可能做出某种动作而影响身体语言的使用。比如，天气寒冷的时候，如果穿得少，人就会下意识地抱紧双臂，这就不能被认为是一种"抗拒姿态"。再比如，身穿短裙的女士在坐下的同时双腿紧紧合拢，并不时关注自己的着装情况，这也不能被解读为"掩饰自己"。

虽然以上情况仅仅适用于少数人群，但是，我们应该明白，要想准确理解无声的身体语言，必须将其与环境和更多信息结合起来进行判断。

综上所述，读人要结合不同的环境和实际情况。经过坚持不懈的练习，以及经验的积累，相信你也能练就一双"一眼看穿他人"的慧眼。